本丛书为云南大学
"双一流"建设民族学一流学科建设项目成果

## 编委会

主　任：林文勋

副主任：何　明　　关　凯　　赵春盛　　李志农　　李晓斌

委　员（按姓氏笔画为序）：

　　　　马居里　　马翀炜　　马雪峰　　马腾岳　　王文光

　　　　王越平　　牛　阁　　龙晓燕　　朱　敏　　朱凌飞

　　　　庄孔韶　　李永祥　　李伟华　　李丽双　　何　俊

　　　　张　亮　　张　赟　　张海超　　张锦鹏　　陈庆德

　　　　陈学礼　　周建新　　郑　宇　　赵海娟　　高志英

　　　　谢夏珩

教育部人文社会科学重点研究基地
云南大学西南边疆少数民族研究中心文库

# 论重建民族学

## 认识论、研究议题和方法创新

何明 著

学苑出版社

## 图书在版编目（CIP）数据

认识论、研究议题和方法创新：论重建民族学 ／ 何明著． －－ 北京：学苑出版社，2019.12
　ISBN 978-7-5077-5873-3

Ⅰ．①认… Ⅱ．①何… Ⅲ．①民族学－研究－中国 Ⅳ．① C955.2

中国版本图书馆 CIP 数据核字 (2019) 第 299589 号

责任编辑：战葆红
出版发行：学苑出版社
社　　址：北京市丰台区南方庄 2 号院 1 号楼
邮政编码：100079
网　　址：www.book001.com
电子信箱：xueyuanpress@163.com
联系电话：010-67601101（销售部）　67603091（总编室）
印　刷　厂：河北赛文印刷厂
开本尺寸：710×1000　1/16
印　　张：14.75
字　　数：170 千字
版　　次：2019 年 12 月第 1 版
印　　次：2019 年 12 月第 1 次印刷
定　　价：58.00 元

# 目 录

导言 /1

第一章　问题意识与意识问题
　　　　——人文社会科学问题的特征、来源、发现与应答 /1
　　一、什么是问题和学术问题？/2
　　二、人文社会科学的问题来自何方？/10
　　三、人文社会科学的问题怎样应答？/15

第二章　"魁阁"时代社会科学中国化的实践 /23
　　一、燕京大学—云南大学实地调查工作站及"魁阁"时代 /23
　　二、"魁阁"创始人吴文藻和核心人物费孝通对社会科学中国化的推动 /25
　　三、社会科学中国化的"魁阁"特征 /27
　　四、"魁阁"社会科学中国化的启示 /35

第三章　民族研究的危机及其破解
　　　　——学科认同、学者信任和学术体制的视角 /37
　　一、民族研究危机的来源 /37
　　二、民族研究危机的破解 /40

**第四章　民族研究认识论转向与民族学知识体系重构** /47

　　一、从初民社会范式转向复杂社会范式 /48

　　二、从本质论转向实践论 /55

　　三、从实在主义转向关系主义 /60

**第五章　全球化及其人类学论题** /67

　　一、全球化及其后果 /67

　　二、全球化与民族国家 /73

　　三、全球化与文化多样性 /79

　　四、全球化与跨国移民和移民社区 /84

　　五、跨文化交流与相互理解 /91

　　六、当今全球问题与文化批判 /93

**第六章　全球化背景下边疆社会稳定研究的几个问题** /97

　　一、边疆社会稳定问题研究现状 /98

　　二、全球化背景下边疆社会稳定问题的基本内涵 /100

　　三、全球化背景下边疆民族的文化心理特征 /103

　　四、全球化背景下实现边疆社会稳定的关键 /107

**第七章　从单一走向多元：民族研究方法创新的构想** /113

　　一、研究缘起：个案或小型社区研究的局限 /113

　　二、问题导向的理论构建：民族研究方法创新的目标与原则 /117

　　三、增加工具：民族研究方法创新的路径 /121

　　四、新的综合：民族研究的新方法 /125

　　五、结语 /128

**第八章 区域研究视野的"佐米亚"**
——兼论跨区域、跨族群和跨社会之间相互关系研究的可能性 /131

一、"佐米亚"缘起 /134

二、"佐米亚"的变化 /136

三、斯科特的"佐米亚" /145

四、"佐米亚"研究面临的挑战与可能走向 /154

**第九章 文化持有者的"单音位"文化撰写模式**
——"村民日志"的民族志实验意义 /159

一、消解话语霸权:还民族志的话语权予文化持有者 /160

二、弥合文化叙述的断裂性:日志体文化叙述的整体性 /164

三、用汉语叙述:基于中国少数民族与汉族的文化关系的本土化实验 /173

**附录 博闻强学 启智创新**
——何明教授谈个人学术历程及云南大学民族学学科发展 /179

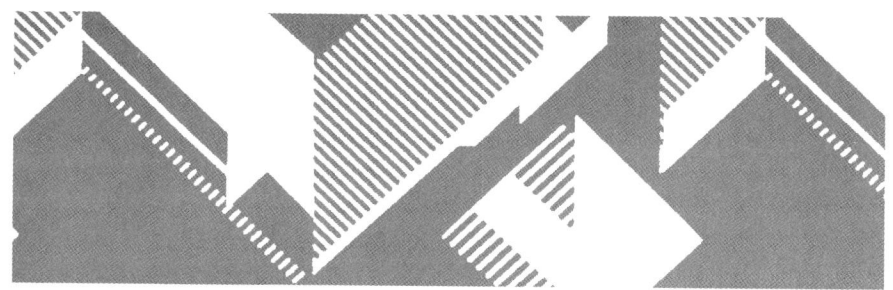

# 导言

  在人类历史的各个阶段，民族[1]都扮演了不可或缺的关键角色；在当今世界，民族经常发挥着左右国家、区域乃至国际政治经济格局的重要作用；在日常生活中，民族不时成为影响人们生活秩序或人生走向的或隐或显的因素。然而，在西方，原本专门从事民族调查研究的民族学在第二次世界大战后趋于式微，萎缩为规模不大的学科，人类学的一个很小众的研究领域，仅有少数学者致力于此；在中国，民族学学科之名仍然存留，受历史和现实诸多因素的制约，对于民族现象

---

1 笔者赞同并采用何叔涛在《汉语"民族"概念的特点与中国民族研究的话语权——兼谈"中华民族""中国各民族"与当前流行的"族群"概念》（载《民族研究》2009年第2期）一文中关于汉语"民族"语词的特征解析和外延界定。何叔涛认为，汉语"民族"语词的灵活性和包容性"能充分展现不同层次的民族共同体的内涵，综合不同发展阶段、不同形态的民族共同体的共性，提示民族过程规律与趋向"，它"既包括了国家－政治层面上的民族，也包括了历史－文化层面上的民族；既指原生形态的民族，也指次生、再次生乃至多次次生形态的民族；主要是指单一民族但也指复合民族和民族支系；既指现代民族，更泛指人类社会不同发展阶段的所有民族"。

认识论、研究议题和方法创新：
论重建民族学

做出有效解释的成果非常有限。民族的社会事实与学术研究之间形成了严重的"供需不平衡"，民族现象的重要性、复杂性与民族研究的薄弱性、滞后性构成巨大反差。有鉴于此，近年来我对民族学学科的反思与重构进行了时断时续的思考与研究，撰写与发表了一些论文，并在不同的场合反复呼吁：民族学需要深入系统的自我反思，民族学的学科重构迫在眉睫！

本书所汇集的是已发表在学术期刊上的关于民族学学科的反思与重构的论文，这些论文大致可以分为以下三组：

第一组的四篇文章论述学科反思与建构的整体性问题。其中，《问题意识与意识问题——人文社会科学问题的特征、来源、发现与应答》（刊载于《学术月刊》2008年第10期）阐述了我个人包括民族学在内的人文社会科学的理想类型。我认为，是否能够取得有价值和有成效的学术创新，不仅取决于是否具有问题意识，更取决于什么是学术问题、从何处发现问题、怎么发现问题和怎样应答问题。作为以人为中心、以人类社会文化为论域的学术研究，人文社会科学研究的问题来自人的生活世界；无论是有关普遍性和一般性的宏观"大理论"，还是面对特定社区或群体的个案研究，无论是实地研究或经验研究，还是阐释性研究或评价性研究，问题都来自人的生活世界及其认知和研究中出现的尚未给予系统解答的疑问和有效程度尚不能令人满意的应答。人是社会关系的总和，人的问题总是以这样或那样的形式存在于或呈现于社会关系之中，只有在社会关系中才能发现有关人及其社会文化的真问题。作为一种社会职业的理性集体行动类型，人文社会科学必须遵循一定的学术秩序和规则，对问题的应答需具备负责任的态度、可靠的依据、缜密的分析、清晰的表述等原则，唯此才能获致有效的真知识,也才有实质意义的学术创新。《"魁阁"时代社会科学中国化的实践》(刊载于《广西民族大学学报》2019年第6期)评述与分析了中国民族学、人类学与社会学学科史上非常重要的一个案例"魁阁"[1]现象,以期为民族学学科的反思与重构提供借鉴。时任云南大学社会学系主任的吴文藻于1939年在昆明创办了燕京大学—云南大学实地调查工作站(The Yenching-Yunnan Station for Sociological Research),先后汇集了费孝通、陶云逵、许烺光、史国衡、田汝康、张之毅、谷苞等一批青年学者,开展了一系列的社会科学中国化的探索与实践,产出了《乡土中国》《云南三村》《芒市边民的摆》《祖荫下》《昆厂劳工》《个旧女工》等一批在中国社会科学学术史上占有重要地位并产生了国际影响的重要成果,创造了中国民族学、人类学和社会学的历史高峰。该文对"魁阁"现象进行分析,认为其主要特征是直面日常生活的"从实求知"、整合多学科的综合研究、整体认知中国社会文化特征的社区调查、学术共同体的建构和深入的国际学术交流合作。《民族研究的危机及其破解——学科认同、学者信任和学术体制的视角》(刊载于《清华大学学报》(哲学社会科学版)2016年第1期)直面民族研究存在的问题,主要从学科体制角度进行反思,认为民族研究面临着学者的学科认同危机、社会信任危机、学科体制和学术体制的危机,提出从重构"民族"概念、探索与运用具有信度和效度的研究方法、厘清民族学与人类学的关系、学科体制以及相关学术管理体制创新等角度破解危机。《民族研究认识论转向与民族学知识体系重构》(刊载于《思想战线》2019年第6期)则进

---

[1] 燕京大学—云南大学实地调查工作站因1940年10月日本飞机轰炸昆明而搬迁至昆明郊区呈贡县魁星阁,故学界称之为"魁阁"。

认识论、研究议题和方法创新：
论重建民族学

一步从认识论角度反思民族研究存在的问题，认为我国民族研究缺乏解释力、信度和效度的深层次原因，是初民社会研究范式、本质论和实在主义的旧认识论。为此，必须推动民族研究的认识论转向，建立起复杂社会研究范式、实践论和关系主义的新认识论，才有可能实现我国民族学的知识体系重构。

第二组文章讨论全球化时代民族研究的问题。有感于中国民族学及人类学对于民族事实上在全球化作用之下产生的深刻变化认识不足，特别是学术理念和理论范式滞后，在研究无文字、"无历史"群体和封闭性的氏族部落等前现代社会研究中形成的进化论和功能论理论仍然深刻影响甚至型塑着许多学者，做了许多完全脱嵌于现代社会和全球化的研究，犹如面对车水马龙的喧嚣都市大道吟咏着中世纪的田园牧歌，至少给人以不协调、不真实的滑稽感和虚假感。为此，我就全球化与民族及其社会文化做了研究，撰写了两篇文章。一篇是《全球化及其人类学论题》（刊载于《思想战线》2016年第4期），认为迄今全球化早已渗透到世界各个角落，解构了封闭、固化的地域社会和部落社会，使其卷入民族国家的建构和世界政治经济体系的运作之中，形成了民族与国家的互构、特殊性的民族文化与统一性的全球化的互动、离开原居住地甚至跨越国家边界的移民及其在异地的社会文化重建、不同族群或不同民族之间的频繁接触与跨文化交流以及诸多新的灾难和风险，这些都应成为今日民族学和人类学研究无法回避也不应该回避的议题，更是族群或民族及其社会文化解释不能忽视的视角。另一篇文章是《全球化背景下边疆社会稳定研究的几个问题》，与王越平合作，刊载于《云南师范大学学报》（哲学社会科学版）2009年第3期。指出全球化背景下边疆社会稳定是一个动态稳定，由于全球化以及我国当今现代化进程的推进和市场经济体制的建立，使得内部和外部的影响因素都时时处于变动的状态，同时也由于边疆民族文化的边缘性、心理疏离性和民族认同及国家认同的错位的深刻根源，诱发了社会的不稳定，因而妥善解决边疆社会的不稳定问题，疏导民族与国家、民族与民族之间的关系，建构起适应当前我国边疆民族需求的国民文化是核心要义，这也能超越以往传统社会稳定观的局限，建构科学而长效的社会稳定基础，也是民族学研究应当关注的关键问题。

第三组论文对于民族研究的方法创新进行了探讨。众所周知，自马林诺夫斯基（B. Malinowski）、博厄斯（F. Boals）等发展出以田野调查为支点的现代人类学之后，以小型社会和微观社区为对象的民族志便成为民族学和人类学的最基础也是最重要的研究方法。然而随着全球化的推进、现代性的扩散，现代人类学设定的与外界隔绝、自成体系、自给自足的简单社会已不复存在，传统的民族志研究方法的适用性、有效性和说服力受到越来越多的质疑。于是，一些民族学家和人类学家开始探索突破微观社区和小型社会研究方法的新范式，然而迄今尚未形成能够得到较普遍认可的研究方法。为此，近年来，我对适应当下民族及其社会文化事实并具有更高信度和效度的研究方法进行了一些探讨和实验。《从单一走向多元：民族研究方法创新的构想》（与周文合作，刊载于《西北民族研究》2019年第4期）讨论的是如何摆脱过度单一化的微型社区质性研究方法、吸收与综合适应民族现象研究需要的各学科的多元化方法的问题，提出建构既能理清事物发生机制、有建构理论追求的实地研究，又能分析异质性社会的全貌、建立概念操作化工具、对相关理论进行验证的定量研究的综合研究方法的构想。《区域研究视野的"佐米亚"——兼论跨区域、跨族群和跨社会之间相互关系研究的可能性》（与陈建华合作，刊载于《民族研究》2019年第2期）通过梳理与评述由荷兰历史学家范·申德尔（Willem Van Schendel）首倡、经由美国政治学家兼人类学家詹姆斯·C. 斯科特（James C. Scott）的阐发而引起学界高度关注的范畴"佐米亚"（Zomia），提出建构超越社区和社会的区域研究范式或者跨区域、跨社区、跨国家的大尺度空间的研究范式的可能性及路径。《文化持有者的"单音位"文化撰写模式——"村民日志"的民族志实验意义》介绍了在建于云南少数民族农村社区的调查基地实施的"村民日志"项目。每个调查基地聘请当地村民两人左右担任村民日志记录员，让他们从"本文化"内部视角对自己民族和村寨每天发生的事情进行叙述与评论，释放被遮蔽或压抑的"文化持有者"的话语权，赋予自主的文化叙述与解释权利，形成独特的文化持有者的"单音位"文化撰写模式，推出体现中国特色的反思民族志，建构起与当代国际学术前沿议题的对话平台。

以上基本呈现了迄今为止我在民族学的反思与重构方面所做的初步的、粗浅的探索。中国特色民族学的反思与重构是一项庞大的系统工程，在内容上包含着学科体系、理论体系、方法体系、知识体系、话语体系等若干个子系统，每个子系统又包含着诸多具体的内容，非几个人、一两个机构所能完成，需要学界形成一定程度的共识并为之共同努力。因此，实事求是而不是谦虚客套地说，本书仅是抛砖引玉之砖，希望能够引起学界同人们的共同关注和真知灼见之碧玉。

本书中包含了分别与王越平副教授、陈建华博士、周文博士合作的三篇文章，对他们的劳动和支持表示衷心的感谢！

本书收录的文稿曾发表在《民族研究》《思想战线》《广西民族大

学学报》《清华大学学报》《西北民族研究》《云南师范大学学报》《学术月刊》等学术期刊上，对上述编辑部在稿件编辑过程中的精心编辑和出版支持表示衷心感谢！

  为了更清晰地呈现云南大学民族学学科近20年来的建设过程和探索创新的历程，以附录的形式收录了洪颖副教授对我的采访记录《博闻强学　启智创新——何明教授谈个人学术历程及云南大学民族学学科发展》，感谢洪颖的付出！

何　明

2019年12月

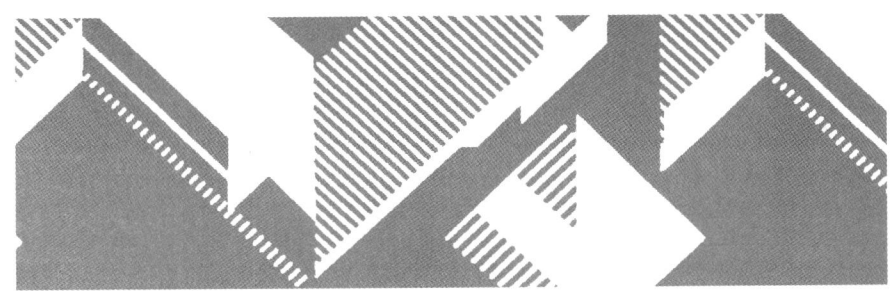

# 第一章
# 问题意识与意识问题
——人文社会科学问题的特征、来源、发现与应答

中国人文社会科学历程的反思与创新之路的探寻，是进入21世纪以来国内学术界讨论的一个热点。参与讨论者或痛斥学界流弊，针砭追名逐利的功利性、依附于意识形态的寄生性、玩弄新概念的游戏性、相互抄袭的欺骗性、只求数量不求质量的泡沫性；或指责制度缺陷，抨击现行文教体制、学术评价机制的误导与障碍；或提出建设意见，开出端正学风、建立学术规范、完善评价机制、凸显问题意识、打开国际眼光、打破学科壁垒等药方……表现出强烈的社会责任感和学术正义感，令人扼腕、振奋、向往。然而，近十年的讨论之后，中国的人文社会科学局面并未出现好转趋势，这迫使我们不得不放弃义愤填膺的抨击，也不得不反思各种"良方"的效用。

问题是科学研究的起点和归宿。诚如德国数学家大卫·希尔伯特所说："只要一门科学分支能提出大量的科学问题，它就充满生命力；

而问题的缺乏则预示着独立发展的衰亡或中止。"[1]在反思中国人文社会科学过程中,我国著名哲学家高清海先生指出:"问题是哲学的命根,真见也要以问题为基础和前提。哲学的本性,真正说来,首先就在于发现问题和提出问题,而且还得是自己所处时代的大问题、真问题。……回想过去,我们的哲学为什么起不了它应有的作用?我以为,关键就在于失去了'问题'与'真见'这两点。"[2]他的这一观点后经刘大椿教授等的系统阐释[3],在相当程度的学术圈内成为共识,即问题意识淡漠制约了中国人文社会科学的创新与发展。

然而,多年之后,人文社会科学的问题意识似乎并未明显增强,学术创新的呼吁没有见到明显实效,是否"问题意识"来源于学术界的"意识问题"?拙文试图从学术问题的特征、人文社会科学问题的来源和应答等论题切入,探究一下国内学术界的意识问题。

## 一、什么是问题和学术问题?

"问题"("problem"或"question")一词的本义包含言语文本和事实经验两个指向不同又相互关联的层面,前者指需要思考、回

---

[1] [德]希尔伯特:《数学问题》,载《美国数学学会通报》第8卷,转引自刘大椿主编:《中国人民大学中国人文社会科学发展研究报告2004:问题意识和趋势情怀》,北京:中国人民大学出版社2004年版,第25页。

[2] 高清海:《哲学的"创新"本性——〈理论思维与工程思维〉序》,载《天津社会科学》2002年第4期。

[3] 刘大椿主编:《中国人民大学中国人文社会科学发展研究报告2004:问题意识和趋势情怀》,北京:中国人民大学出版社2004年版,第3—84页。

答、讨论、解释的题目或语句，后者指需要讨论或处置的疑难事项。[1]在言语文本层面，指定的需要思考并回答或解释的言语，在给出的文本中不存在或者直接回答或解释的言语，要求回答者或解释者从已储存的经验和知识中提取与问题相关的信息并按照特定的逻辑结构进行表述，或者对已有文本中辨识和提取与问题相关的信息并进行重新表述。在事实经验层面，面对的需要讨论或处置的事实，因缺乏相关事实的完整经验而形成对事实及其演化方向难以判定进而难以选择处置方式，因此，需要汇聚多人及其经验和能力以尽可能对事实及其演化方向做出准确的判定，并以此为确定恰当而有效的处置方式，力争实现按照目标或最优方式控制事实及其演化结果。

无论在言语文本层面还是在事实经验层面，问题有以下几个最基本的特征：首先是应对的必需性。凡是问题，必定需要有主体做出回答或解决。有些问题要求在规定的短时段内做出恰当回答或妥善处理，否则就会对特定主体造成负面甚至是危机性后果；有些问题虽然对回答或解决的时段没有提出明确要求，但在未得到恰当回答或妥善处理之前，问题关涉者的隐忧就无法释怀、隐患就没有消除。其次是应对内容的非给定性。在问题的语境中，恰当的答案或妥善的处置方式被悬置起来，所给定的文本、经验和事实没有直接、完整、确定地呈现出来。再次是应对结果的非确定性。问题与其答案或处置方式之间的关系存在多种可能性，如应对与不应对、这样应对与那样应对、以特定标准为参照系的正确应对与错误应对、程度不等的恰当或妥善应对

---

1 参见辞海编辑委员会编《辞海》第877页（上海辞书出版社1979年版）、汉语大辞典编辑委员会编《汉语大辞典》（第三册）第4284页和Sally Wehmeier编《Oxford Wordpower Dictionary》第490页和504页（Oxford University Press 1993年版）对相关语词的解释。

以及效果不一的应对等，也就是说，问题与答案或处置方式之间的关系是非确定性的。最后是应对过程的能动性。问题向特定主体提出采取应对行动的需要，这就意味着赋予其展示与发挥能动性的权力，因问题应对内容的非给定性致使应对者只有通过对已有文本、知识、经验、事实及其意义等相关联要件的爬梳、解读、解构并重构方能做出应答或有效应对，又因不同应对者所占有的知识、经验、事实及意义等资源的差异以及解读和建构能力的差异形成各不相同的应对方式和结果。

学术问题除了问题的一般特征之外还有什么特有性质呢？为了规避"不识庐山真面目"的陷阱，我们不妨从社会的视角解读学术界及其学术问题。

专门从事科学探索和学术研究的学术界的形成，是人类社会发展过程中社会分工的产物。人类社会的演化史表明，每一次社会分工，目的都是通过提高生产效率和建构社会秩序以达到维系社会的正常运行并改善人的生活质量，而经由社会分工出现的每个职业群体或阶层都以直接或间接的方式发挥着自身独特的社会功能以满足社会不同方面和不同层次的需求。任何一个职业群体都是人类社会演化过程中自然生成的组成部分，都满足着社会不可或缺的需求，发挥着其独特的功能和作用，否则该群体就会因缺乏与其他群体的能量交换而趋于消亡。作为社会分工的产物和特殊的职业群体，学术研究乃社会必需之"公器"，学者群体承担着不可或缺的社会职能，其职业活动的对象是整个社会甚至是全人类。科学史和学术史表明，仅只为个人、为由极少数人组成的政治或经济利益集团的学术研究，即使能够在特定环境下产生轰动、盛极一时，其结果无非昙花一现，甚至落得千古骂名；只有以整个社会乃至全人类为最终目标并为整个社会或人类社会提供了有效真知的学术研究，才能得到历史的认可和后世的推崇。作为学术职业活动核心内容，无论是研究自然世界的自然科学的学术问题，还是探讨人及其社会的人文社会科学的学术问题，其目标都是整个社会甚至是全人类而不是个人或狭隘的极少数人群体，尽管其中凝聚着学者或科学家个人的创造性，也不可避免地在表达方式和文本中或直接或间接地显露出个性特征和价值取向，折射出特定时代、社会、阶级、民族等烙印，然而其最终指向是整个社会和全人类，其核心意义是能够为整个社会所分享和受益的，而且其受益或有效的范围越宽、群体越大和时间越长，价值越高、影响越强和意义越重，也就是说，学术问题的有效时间维度、空间维度和社会维度与价值维度成正比关系。借用康德的经典语句表述，学术问题具有"无目的的目的性"特征，它不是为某个个人及其特定目的，也不是为某个特定利益群体及其狭隘利益需求，而是为整个社会，为整个人类，具有社会性和公共性。

学术界或科学界职业活动社会功能的特殊性可以从与其他职业群体的比较中显现出来。

先来比较学术界与物质生产职业和实务职业的差别。学术界不直接从事生产资料和生活资料生产，无法直接满足社会的生产资料和生活资料需求，因而有别于畜牧业、农业、手工业及工业等职业群体；它不从事商品交换及其他一般可定价的服务，因而区别于商业和一般意义上的服务业；它不直接参与经济活动的组织与管理，也不直接参与运用军队、警察、法律及权力维持国家或社会的秩序，因而有别于企业管理、社会事务和公共事务管理群体。当然，学术研究活动与上述职业活动并非截然相别，存在着这样或那样的联系，如科学技术转化为物质生产的工具和工艺，应用经济学对经济活动的影响，经济管理学的思想和模式被企业界运用，社会学研究成果转化为公共管理的内容等。然而，学术界职业活动的内容为知识生产，对生产实践和社会实践的影响作用只可能是间接的，也就是说，通过向实业群体和实务群体输送知识、技术、思想、观念等对生产实践和社会实践产生影响作用，学者群体从严格意义上说并不以主体的角色担负物质生产、经济管理等实业活动和社会事务、公共管理等实务活动。所谓"知识经济"，无非是指商品及其生产和经营过程包含了更多的知识含量、对学术的依赖性比以往大幅度增强而已，而不是说学术界或科学界被企业界兼并重组，形成"学术产业"或"科学产业"之类的"新兴产业"。学术界与生产实践和社会实践之间既区隔又关联的关系决定了学术问题与物质生产、经济活动、社会事业、各个领域的管理性活动之间的张力。尽管自然科学与人文社会科学及其各个学科和各个领域所研究的问题千差万别，与自然世界和生活世界之间的关联有远（如数论、场论、理论力学、哲学、历史学）有近（如农学、林学、临床医学、工学、经济学、管理学、统计学），但总是以这样或那样的途径来源于自然世界或生活世界，有效的应答结果也会以这样或那样的途径（如转化为工具、工艺、产品、认知模式、行为方式、管理理念、社会体制等）回归到生活世界之中，不存在与自然世界或生活世界毫无关联、完全隔绝的学术问题；同时，严格意义上的学术问题又超越于具体的、个别的自然世界和生活世界事项，把握或应对自然世界或生活世界的单数问题的所谓"对策研究"和"个案研究"，倘若尚未探究出或抽象出内在关联的逻辑而提出在一定时空和条件范围内普适或有效的问题，要么属于"前学术问题"即形成与解决学术问题的资料积累，要么属于"后学术问题"即学术问题的具体运用，与学术问题之靶还存在一定距离。学术问题与实践之间张力的特征，用马克思在《资本论》中对建筑师的解释最为妥帖，他说："最蹩脚的建筑师从一开始就比最灵巧的蜜蜂高明的地方，是他在用蜂蜡建筑蜂房以前，已经在自己的头脑中把它建成了。劳动过程结束时得到的结果，在这个过程开始时就已经在劳动者的表象中存在着，即已经观念地存在着。"[1] 学术问题是观念性的存在，与实践具有联系，但尚未变成实践结果，如果继续借用康德的表述，学术问题具有"非功利的功利性"，通过直接或间接的途径作用于人们的认知进而影响实践。

再来比较学术界与文学艺术界和宗教界之间的异同。与上述实践性职业群体相比，学术界与文学艺术界和宗教界具有更多的关联性和相似性，尽管有时会借助于实验仪器设备、雕刻刀或切割机、宗教法器等工具和实验物质，以及石材、经书等实体性物质，其结果也会运用论著、作品、经典注解文献等媒介表达，但其核心却不在物质实体而在精神世界，社会功能是满足人们的精神需求，这是其共通性。然而其间的差异也是显而易见的：其一，在功能上，文学艺术的审美意象和情感抒发给人以审美愉悦，宗教构筑的幻象世界和精神家园给人心灵慰藉，学术的智慧洞见和知识体系满足着人们的求知欲望和实践理性，人的精神世界的"情""灵""知"分别被文艺、宗教和学术所拥有。其二，在构成上，情感、想象、幻想，对于文学艺术和宗教来说是重要而内在的核心内容，对于学术来说却只是催发灵感的辅助剂而被排除在主体内容之外，也正因为如此，美感神话传说能够成为文学艺术创作和宗教经典文本的组成部分，但却不构成学术文本的论据

---

1 《马克思恩格斯全集》第23卷，北京：人民出版社1972年版，第202页。

和结论。其三，在评价上，文学艺术只要能满足让人们的审美愉悦便被视为好作品，没有人会深究李白"黄河之水天上来"诗句的可靠性；宗教只要能让人的心灵得到安顿就会受到崇信，没有基督徒会因《圣经》说女人是男人身上的一根肋骨而否认妇女生育儿女的事实；学术满足的是人的知性，只有那些证据充分、逻辑严密并至少不被更多的事实经验反复"证伪"的论说才能被接受，牛顿的经典力学至今仍然是物理教科书的必讲内容，而其晚年提出的"第一动力"定律，即"上帝之手"却只是科学史的故事而少有人提及，就是一个明证。由此，学术问题是人类探究自然和人及其社会文化是什么、为什么以及如何有效探究并需要用相关事实经验确证的知性问题。

学者是众多社会群体中接受专业训练时间最长的群体。现行社会体制和学术制度设定，学术研究者的资格获得，通常需具有博士学位，这就意味着，学者群体的资格获得必须经历逐级的专业训练，通过各种形式和连续不断的测试以获得学士、硕士、博士等学位；而获取职业资格后尚需通过竞争获得职位，并通过一定的学术工作的积累和竞争逐步晋升到高级职称。与其他职业群体相比，学者接受教育与专业训练的时间比一般劳动者长 15 年左右，比其他专业技术人员一般也长 6 年左右，而独立承担具有创新性和艰巨性的大型科研项目一般至少需有 5 年以上的工作业绩积累和执业职称资格。立志于学者的社会成员，几乎需投入近一半的人生有效工作时间用于知识学习和专业训练，足以说明学术界与实业界和实务界相比，专业化程度和复杂化程度更高。其中的原因是：首先，学术问题创新性特征决定了其发现与应答需经由长期的知识积累过程。学术问题之所以成为学术问题，一个必备条件就是创新性——要么是别人从未提出的问题，要么得出与别人不同的结论或观点，要么运用了别人没有用过的应答方法或方式，要么发现了别人没有发现的新材料或新论据……总而言之，"发前人之未发"。而要达成这一目标，一方面必须进行知识积累。牛顿有一句妇孺皆知的名言："如果说我看得更远，那是因为我站在巨人的肩上。"找到巨人的肩膀并努力站上去，是学术问题发现与应答的前提；而寻找巨人肩膀并爬上去，则需经漫长而艰难的过程。另一方面必须进行严密论证。不论是实证性研究还是分析性研究，学术问题的回答或解释都不允许像文学艺术创作那样任凭作者的主观世界自由挥洒，而必须经过严密的求证过程，或通过经得起验证的方法寻找到充分的证据或数据，或运用无懈可击的逻辑力量进行推论，否则无法成立。正因为如此，文学艺术创作可以在灵感到来之瞬间即可将作品一挥而就，因此而有了李白"斗酒诗百篇"和舒伯特在酒吧的酒单上写出小夜曲的佳话；而学术界最著名的灵感故事是牛顿见苹果从树上落下而发现万有引力，姑且视之为真实的事件（现有科学史专家考证为虚拟的"神话"），但从1665年秋季获得灵感到1685年春季在《自然哲学之数学原理》初稿中完整得出一切物体以万有引力互相作用的理论经历了近20年的时间。由此可见，学术问题是经由严密论证从而具有系统性的创新问题。

总之，学术问题在服务对象、最终目标、社会功能、发现与应对方式等方面均具有区别于其他问题的特征，具有服务社会或人类的公共性；通过认知影响人们行动的实践间接性；满足人们以事实经验确证为标准的探究自然和人类社会文化需求的知识性；以系统的严密论证为基础的创新性等属性。

## 二、人文社会科学的问题来自何方?

近代以来[1],学术界内部进一步分化为自然科学与人文社会科学两大类型,前者研究对象以自然世界为中心,后者研究对象以人及其社会文化为中心。

社会文化的主体是人,是人创造出、传承着、演绎着社会文化。由此,社会文化问题归根结底是关于人的问题,人文社会科学所研究的问题最终都是在研究人的问题。之所以要对此进行特别强调,一方面是为了提醒人文社会科学各个学科的学者研究各个门类的社会文化时不要偏离或忘记了研究人的最终目标,另一方面是为社会文化问题的发现提供一条参考性路径。

既然是研究人的问题,不可避免地需要从人的类的特性入手。那么,究竟什么是人的类的特征或本质呢?国内学者耳熟能详的莫过于马克思的两种界定:一是社会关系的总和。马克思在《关于费尔巴哈的提纲》中提出:"费尔巴哈把宗教的本质归结于人的本质。但是,人的本质不是单个人所固有的抽象物。在其现实性上,它是一切社会关系的总和。"[2] 二是自由自觉的活动。马克思在《1844年经济学哲学手稿》一书中对人的特性的另一种表述是:"一个种的全部特性、种的类特性就在于生命活动的性质,而人的类特性就是自由的自觉的活动。"[3] 这两个定义给人文社会科学发现问题与回答问题的启示是:首先,

---

1 华勒斯坦认为,社会科学"自16世纪以来逐渐地趋于成熟"。见[美]华勒斯坦著:《开放的社会科学》,刘锋译,北京:生活·读书·新知三联书店1997年版,第3页。
2 《马克思恩格斯选集》,第1卷,北京:人民出版社1995年版,第56页。
3 《马克思恩格斯全集》,第42卷,北京:人民出版社1979年版,第96页。

人的本质是社会关系的总和,那么,人的本质问题就存在于社会关系的总和之中;其次,人的本质既不是单个人的特性,也不是固定的和抽象的,而是群体的、社会的、具体的、变化的,那么,人的问题就只存在于具体且变化的社会生活之中;最后,人的类的特性是自由的自觉的活动,而不是固化的抽象物,故而人的问题就在人那一刻也不停止且瞬息万变的活动之中。

作为类的特性,人的"自由的自觉的活动"之复杂性、流动性、选择性和创造性远远超过任何一种物质活动和任何已发现的其他生命体的活动,这就规定了人文社会科学的学科和方法的复杂性和特殊性。至今,人文社会科学已进一步细化出众多的学科,如,有研究"死"了的人类社会的考古学,又有研究"活"着的社会文化的人类学;有研究文献的历史学,又有研究现实社会的社会学;有以人类为中心把自然、社会、思维等一并纳入进行整体性研究的哲学,又有对人类及其生活世界分门别类研究的经济学、法学、政治学、文艺学等等。同时,各种各样的研究方法不断被发明与运用,有定量研究、有定性研究;有把研究对象纤毫毕现的"民族志方法",也有玄奥抽象的思辨方法;有长期混迹于民间或"异文化"进行参与观察的田野调查,也有终身隐遁书斋的"纯思"。无论是传统学科还是新兴学科和交叉学科,也无论是客观性的、实证性的、说明性的方法还是主观性的、评价性的、理解性的方法,都是对人的"自由的自觉的活动"之不同领域、不同侧面、不同过程和不同特性的探索与解读,"条条大路通罗马",最终归结到增益人自身的认知和实践。

人的"自由的自觉的活动"之外显方式就是以社会实践为主体

的"生活世界"[1]。其结果就是不断地建构出由变动不居的社会关系编织而成的复杂多样的社会文化之网。因此，不论众多的学科、庞大的队伍、各异的方法、汗牛充栋的研究成果所提出的问题数量如何多、差异如何大，若略做抽象概括而求其荦荦大者，人文社会科学林林总总的问题又可归入两大类型：一类是直接面对或研究焦点为社会文化实践问题，近到当下出现或学者身边的经验事实，远到上古或异国他乡的事件和人物，具象到各种个案研究、实地研究、民族志研究、经济运行分析、应用对策研究，抽象到马克思当年研究的阶级冲突和剩余价值等，都是对特定时期特定社会生活中存在着与发生着的实践问题的研究；另一类是直接面对或研究焦点为社会文化实践研究的方法问题，宏观到辩证法、历史唯物主义、现象学、结构主义以及各种理论学派研究，微观到访谈方法、问卷设计、数据收集、文献查询、验证方法以及某个思想家或学者的研究，涉及的都是学者如何研究的问题。前者的研究可以称之为"实践问题"或"经验问题"；后者的研究可以称之为"方法问题"或"元问题"。对"认识论"的研究，大部分以学者自身或特定研究范式为中心的研究方法总结或反思，黑格尔的《小逻辑》乃他本人研究社会文化的方法，而非普遍意义上的人或人类的认识自然和社会的方法，故而应归入方法问题的范围；其中少部分讨论普遍意义上人的认识问题，是以社会文化实践为基础探讨认识论问题，因而可以纳入实践研究的行列。当然，在具体的研究案例中，这种"二分法"并非泾渭分明、截然相别的，研究实践问题的论著时

---

[1] 本文的"生活世界"采用胡塞尔的定义："通过知觉被实际地给予地、被经验到并能被经验的世界，即我们的日常生活世界（Unsere alltagliche Lebenswelt）。"（胡塞尔：《欧洲科学的危机和超验现象学》，张庆熊译，上海：上海译文出版社1988年版，第58页。）

会对研究方法做介绍或讨论,而在研究方法问题的论著中经常会以经验问题研究为方法论问题研究的论据,但一般说来,研究中心总是有所侧重——或重点在社会实践,或重点在研究方法。

实践问题与方法问题之间存在着相互依存的内在联系。二者之间最基本的关联,不妨用挖矿的分工以喻之:前者类似于在矿山挖矿,后者相当于制造挖矿工具和探讨挖矿方法,如何制造与改进工具、提出怎样的挖矿方案等问题,都来自矿山挖矿的需要,因为挖出矿石、更高效率地挖矿是目的,制造工具和探讨方法是服务于挖矿的手段。事实上,人文社会科学所研究的两类问题之间的关系也莫过于此:发现、解释、回答人及其社会生活的实践问题,是人文社会科学的根本目的和职责;方法论问题,无非是为了让人们更全面、更准确、更深刻、更有效地认知、发现、解释与回答社会生活的实践问题而已。前者提出需要,后者给予满足;前者提供经验和案例,后者进行归纳和总结,二者之间是目的与手段、需求与供给关系,可以用图表示如下:

图 1 人及其社会文化、实践问题、方法问题之间的关系

也就是说,实践问题的研究直接面对社会文化实践并对之进行研究与解释,而实践问题的研究获得了结论、经验或遭遇到困境、出现偏差,需进行总结、归纳或反思、完善,方法问题的研究应运而生;方法问题的研究结果再被运用于实践问题的研究之中,能够更准确、

更妥帖、更深入、更系统地研究实践问题。人文社会科学两种问题的研究形成了共生、互动与循环。

从中还可以看出,在人文社会科学领域,无论是研究实践问题还是研究方法问题,无论是应用研究还是基础研究,也无论是形而下的现实问题研究还是形而上的哲学问题研究,问题都或直接或间接地来源于社会文化,换言之,社会生活的问题就是人文社会科学研究的问题。总之,人文社会科学的问题就在丰富多彩的"生活世界"之中,应答人的"自由的自觉的活动"即社会关系所呈现与产生的没有给予系统应答和未能得到满意系统应答的问题就是人文社会科学的"真问题",通过对"生活世界"的"真问题"的应答以更全面地解答"人的问题"是人文社会科学的最终目的。

然而,环顾当今中国学术界的现状,大多数人文社会科学研究者长期盘桓于自己狭小的书斋,忘却了人文社会科学的研究对象和根本目的,不愿也无力审视问题丛生的生活世界,失去了直面、感受和言说生活世界及其问题的能力而陷于麻木不仁和"失语",醉心于概念演绎的抽象世界,致力于"纯思"的逻辑推论,只能挖空心思或无病呻吟地闭门"制造问题"和自说自话,学术研究与其"真问题"的产生方向渐行渐远甚至南辕北辙;与此同时,源远流长、意涵丰富、地域和民族差异显著的社会文化命题及其急剧变迁过程中迫切需要深入研究与理性解释的现实问题,却难以进入学者的视阈而被尘封在学界之外!这一局面的形成,与中国早在两千多年前就形成的"君子远庖厨"的社会分层传统有关,也与中国学术界缺乏近代科学的浸染相关,更是时下愈演愈烈的浮躁学风的产物。在此,我们不得不当头棒喝:走出象牙塔,戒除"概念游戏"的癖好,摆脱书斋的困境,直面与解释生活世界，才能正本清源，寻觅到人文社会科学的真问题。

当然，"真问题"的缺乏也与人文社会科学学科不断分化与细化的状态有关。在人文社会科学学科不断分化与细化的状态下，学科之间的鸿沟趋于扩大的态势，共同话语的通约性越来越小，合作互动更是难上加难，所呈现的状况与现代城市居民的生活样态颇为相似：居住在同一幢楼、同一单元、同一层楼，多年门对门相向而居，却不知对方为谁！在这一格局下，各个学科的目光只盯着自身的研究对象，经济学家在经济数据里反复建模测算，社会学家不断进行问卷调查，人类学家不停地调查收集文化事项，法学家一头扎进法律法规和诉讼案件中不肯抬头，学科研究对象的"树木"越来越清晰，可这些树木生长在哪片"森林"里却少有人过问，离人文社会科学研究的整体目标也是最终目标渐行渐远。

由此可见，作为研究人及其社会文化的学科，人文社会科学的问题，不能只在研究者自己的主观世界中去想象，也不能从学者之间的互动或个人交互主体性中去拟构，只能从具有客观性的社会关系之中去寻觅、发现与建构。

## 三、人文社会科学的问题怎样应答？

人文社会科学与自然科学因研究对象性质的不同、研究者与研究对象关系的不同而形成了问题应答方式的巨大差异。自然科学的研究对象是物质性的，具有更多的确定性和一般性，即使存在差异性，差异形成的因素大都可以通过实验等手段确定或排除，加之研究者与研究对象之间一般不存在利害或价值的相关性、表述工具为所指明确和能指简洁的人工语言，故而其问题的应答方式主要为验证式和推导式两种，所生产的知识总体上属于"法则性知识"，可以分别依据经验事实或实验事实和逻辑关系进行证实或证伪。而人文社会科学研究对象的核心是人性，而人性从根本上看属于非物质性的，具有历史、社会关系、文化等语境的变易性和主体的主观意义性，同时研究者与研究对象之间既存在着相互理解上的主体间性又可能存在着利益或价值的关联性，加之表述工具主要采用意指繁复的自然语言，形成了其问题应答方式的多样性和个性化，如科学主义者极力倡导采用说明式或描述式，人本主义者则积极推进理解式或评价式，甚至形成了水火不相容的对立格局，致使人文社会科学所生产的部分知识带有明显的"表意性知识"特征。因此，为人文社会科学问题应答方式确定规则是非常艰难的，甚至是不可能的，但"无规矩不成方圆"，人文社会科学界的基本秩序没有最基本的规则就难以维持，因而笔者不揣浅陋，本着"有聊胜于无"的原则，提出几条不成熟的建议。

首先，应答的态度必须是负责任的。目前国内人文社会科学界对问题应答态度存在以下几种不负责任的表现：一是草率从事，妄下结论。有些学者把孔夫子"知之为知之，不知为不知"的训导置之脑后，不论是否做过系统调查和有无前期研究，凡是社会关注的热点问题都予回应，并在缺乏深入研究的情况下草率涂鸦成文并公诸报刊；凡是高级别项目都千方百计承揽，并转包他人有时甚至是缺乏系统学术训练的学生以结题交差。二是价值偏移，屈从权利。在问题应答时，有的学者屈从权力权威而按领导的旨意做结论，致使一些发展问题的研究变成领导的学术话语诠释，或无法实施，或实施后造成残害公众利益、破坏生态环境的恶果；有的学者屈从财产权威而从某企业的利益角度出发做结论,导致多数所谓"可行性论证"成为"裹着糖衣的毒药",蒙骗管理机关和社会舆论。三是视为"私器",服务自我。有的学者把问题的应答完全当作评聘职称和建构个人地位等一己私利的谋取工具,也有的学者视之为自我陶醉而别人受罪的"卡拉OK"自娱游戏,异化了学术研究的社会"公器"属性,毁坏了问题之学术应答的权威性。常言道:"一言既出,驷马难追。"作为专门化的职业群体,学者及其所生产的知识在社会拥有一定程度的权威性,社会成员大都持有期待和崇信的态度,从而产生或引导社会实践或释疑解惑或益智利行等各种形式的"社会用途"[1]。作为以人及其社会文化为研究对象的学科门类,人文社会科学的问题应答对社会观念和社会行动的影响与作用更直接更显著,为了避免歪曲、误导及损害人文社会科学知识生产的社会公信力,问题的应答,无论采取实证式和说明式,还是解释式和评论式,也无论是客观描述还是思想创新,都必须坚持增进社会公众利益、维护学术客观公正性、提供有益有效的真知为原则,以对社会和学术负责任的态度"谨言慎行""三思而后行"。

其次,应答的依据必须是可靠的。目前,人文社会科学界在问题应答的依据上存在着以下两种重要缺陷:一是孤证化。在问题应答时,有的学者不努力探寻与合理调适理论预设与社会事实之间的吻合度,以确立个人的理论观点为唯一基点,从社会生活中或文献中拈出个别非冲突性的案例作为佐证,对大量无法确证甚至呈现出明显的证伪关系的社会事实和个人经验置若罔闻地不做任何解释便做出应答。二是碎片化。有的学者不对所引证的社会事实发生的特定历史背景和社会

---

1 借用[法]皮埃尔·布迪厄《科学的社会用途——写给科学场的临床社会学》一书书名(中文版由刘成富、张艳翻译,南京大学出版社2005年出版)。

"场域"进行分析,随手把发生在不同历史条件和社会关系中的社会事实用"连根拔起"的方式移入文本中,形成了被恩格斯所嘲笑的"把鞋刷子综合在哺乳动物的统一体中""因此就长出乳腺来"[1]的荒唐结论。的确,人及其文化的符号性和意义性、人类社会的建构性和变易性、人际之间交互的主体间性、社会生活的不可重复性等特征,致使人文社会科学的问题应答不可能照搬自然科学的实证、证伪、完全归纳及重复验证等方法;理解、阐释、评论等应答方式具有不可或缺的作用。在一定程度上说,人文社会科学是"一种探索意义的阐释性科学"[2],但这不等于说人文社会科学的问题应答完全是学者主观意识的自由表达而没有任何"客观性"和"真理性"。首倡意义阐释的马克斯·韦伯说:"如同所有科学的观察,任何对意义的诠释,都是追求一种'确证'(Evidenz)。要理解的确证可以有两种特质:(a)理性的(逻辑的或数学式的);(b)拟情式的再体验(情绪的或艺术哲学式的)。"[3]作为专业化的人及其社会文化活动,不论是实证还是理解,人文社会科学的问题应答都需要以可靠的社会事实和完整经验为依据,包括"拟情式的再体验"的确证。鉴于国内人文社会科学缺乏足够的有关中国社会文化实地研究的学术积累,学术界对生活世界的社会事实及其经验存在着普遍的碎片化和表层化的现状,笔者在此大声疾呼与极力倡

---

1 《马克思恩格斯选集》第3卷,北京:人民出版社1995年版,第81页。
2 [美]克利福德·格尔兹:《文化的解释》,纳日碧力戈等译,上海:上海人民出版社1999年版,第5页。
3 [德]马克斯·韦伯:《韦伯作品集》之七《社会学的基本概念》,顾忠华译,桂林:广西师范大学出版社2005年版,第5页。

导学者亲历问题"场域"并进行参与观察和理解体验的实地研究[1],从文化整体观的视角把握"问题场"、从文化相对论的立场理解问题形成的根源,从文化持有者的内部眼界解释问题当事人的主体经验。

再次,应答的分析必须是缜密的。人类意识活动的一项重要内容便是在经验到的事物或事项及其构成要素之间建构包括因果关系和相关关系(正相关或负相关、强相关或弱相关)等各种关联性,人们的日常生活实践几乎离不开现实性的和想象性的关联性建构,或顺从已被经验确认的和被观念支配的关联性,或建构与重构属于自己的关联性,然而专业性的关联性建构与解构的职责却交给了学术界,学者们成为为人类社会关联性建构与解释提供理性、系统且可靠(在相对的意义上)知识的"专业人士",笼统地说,物质世界的各种相关性的专业化建构与解释交给了自然科学家,人文世界的各种相关性的专业化建构与解释交给了人文社会科学家,换言之,学者们对关联性的解释承载着社会的期待和信任。尽管人文社会科学因其研究对象的特殊性使之无法建构出类似于牛顿经典力学定律那样在一定范围内具有无可争议的确凿性关联,但毕竟是专业化和权威性的人文世界关联性的分析者、探究者、解释者和建构者,因而必须缜密地探究、建构与解释关联性,所做出的问题应答应以完整、深入、系统和可靠的分析论证为基础。近年来,经济学、社会学等学科对量化研究方法的运用越来越多,或多或少缓解了自然科学界和社会对人文社会科学"缺乏科学性"的诋诟,然而,人及其社会文化研究没有必要也不可能完全使

---

[1] 实地研究的范式主要有自然主义、常人方法学、草根理论、个案研究、扩展的个案方法、制度民族志、参与行动研究等。人文社会科学的绝大多数学科都曾在不同的领域和从学科特有的视角加以运用。

用量化方法，定性或质性方法必将长期甚至永远大量存在，但应答的缜密分析是必不可少的。目前人文社会科学的定性研究存在以下几种不足：一是分析的缺位性。一些研究特别是实地调查研究，经常满足于调查资料的罗列而不做应有的分析论证，致使花费了大量人力物力所完成的成果没有达到学术应答的层面而处于资料收集的"前学术问题"的阶段。二是分析的简单化。有些研究把相关资料分门别类堆砌之后仅做简单分析或没有分析就得出诸如"宋代西南地区的经济开发取得明显成效"等结论，读者一旦细究，实在弄不清结论是怎么得出的。三是分析的随意性。有些研究对问题的回答非常随意，甚至前后句子之间没有任何逻辑关系，很少顾及社会事实的因果关系或相关关系的逻辑分析，有时其分析的严密性尚未达到非业内人士的分析水平。学术界之所以需要专业化，从业人员之所以需要接受漫长而严格的专业训练，一个根本性原因在于学术问题的应答不能停留于日常生活的经验推断和简化的逻辑分析，必须经由"小心求证"的艰苦过程，上升到包括深入性、系统性和缜密性等要求在内的学理性层次。

最后，应答的表述必须是清晰的。自然语言的多义性和歧义性，为文学创作构筑意味隽永、一唱三叹的意境提供了取之不尽的材料，但却使以自然语言为主要表述工具的人文社会科学遭遇到含混模糊的陷阱，其中最集中地表现在概念尤其是基本概念，即范畴之上。学术概念既蕴含着研究者对问题的分类方法和解释路径，又是研究者对问题的应答内容的关键节点，因此历史上的名家大家对范畴的研讨高度重视，早在古希腊时期亚里士多德专门写出《范畴篇》创立了十个范畴，康德提出了包括十二范畴的先验范畴论体系。目前人文社会科学在问题应答时经常出现范畴的误用、滥用、指代不清、前后矛盾、食洋不化或为了彰显个性而生造语词等弊病，不仅给读者和初学者制造了匪夷所思的信息路障，而且越来越多的"语言垃圾"挤占了本来就非常有限的学术空间，妨碍了学术的健康发展和社会功能的有效发挥。朱光潜、宗白华、费孝通等所运用的范畴，虽然为数不多、通俗易懂，但却简洁明晰、一语中的，学术大师的学术风范告诫我们，不是表述越玄奥学问越高深，也不是概念越生僻知识越广博，概念和表述把别人抛进云山雾海往往是因为作者自己的思想还处在云山雾海，但读者和社会对学术寄予的期望却是清晰的洞见！

# 第二章
# "魁阁"时代社会科学中国化的实践

燕京大学—云南大学实地调查工作站（The Yenching-Yunnan Station For Sociological Research）（即学界常说的"魁阁"）由云南大学社会学系主任吴文藻于1939年在昆明创办。吴文藻、费孝通带领一批年轻学者在非常艰苦的条件下开展了一系列的调查、完成了一批堪称社会学、人类学、民族学经典的学术成果，创造了中国学术史上的一段佳话和一个奇迹。

整整80周年过去了，回顾"魁阁"时代大师们的奋斗与成就，激励着我们砥砺前行；反思"魁阁"时代前辈们的思考与实践，启发着新时代中国特色社会科学的创新创造。

## 一、燕京大学—云南大学实地调查工作站及"魁阁"时代

1938年3月，时任云南大学校长的熊庆来在武汉开会期间，从教

育部次长顾毓琇处得知"吴文藻亦可南来工作"的消息后,极力邀请吴文藻到云南大学任教。经过熊庆来校长多方斡旋,中美庚款董事会最终同意资助云南大学增设社会学讲席并由吴文藻担任。同年,吴文藻到校,开始开设社会学课程。1939 年,教育部批准云南大学社会学系成立,吴文藻担任系主任,获得洛克菲勒基金支持建立"燕京大学—云南大学实地调查工作站"。1940 年 10 月,因日本飞机轰炸昆明,吴文藻及工作站迁至昆明郊区呈贡,工作站设于魁星阁,故学术界称之为"魁阁"。

吴文藻到滇后力邀其在燕京大学和清华大学任教期间派往欧美留学的学生——费孝通、林耀华等到云南大学工作,会聚了一批优秀青年学者,组织开展调查研究,调查区域广泛,研究选题多样,既关注传统农村(如《禄村农田》《易村手工业》《玉村农业和商业》《祖荫下》等),也关注现代工厂(如《昆厂劳工》《内地女工》等),既研究汉族地区(如《化城村乡的经济传统》《堡村商业》等),也调查少数民族地区(如《摆夷的摆》《汉夷杂区经济》等)。不仅如此,费孝通在受云南大学委派访问美国期间(1943 年 6 月至 1944 年 7 月)把他和张之毅的调查研究成果《禄村农田》《易村手工业》《玉村农业和商业》翻译成英文著作 *Earthbound China*,把史国衡的《昆厂劳工》翻译成 *China Enters the Machine Age*,分别于 1945 年由芝加哥大学出版社出版、于 1944 年由哈佛大学出版社出版,成为国际学界了解中国社会和中国社会学、人类学研究的重要窗口。

燕京大学—云南大学实地调查工作站在 1939 年至 1946 年的短短七年间完成了一批经典作品,获得国际学术界的认可,创造了中国社会学、人类学、民族学的一个高峰——"魁阁"时代。

## 二、"魁阁"创始人吴文藻和核心人物费孝通对社会科学中国化的推动

相比于同城的社会学研究机构、同时从昆明城区迁往呈贡的清华大学国情研究所,"魁阁"所留下的学术遗产更为丰厚一些。其中最重要的原因,是"魁阁"学者们的社会科学中国化的意识更强烈、方法更有效。之所以如此,是因为有"魁阁"的创立者、引领者吴文藻在社会科学中国化方面积累的丰富的经验、形成的成熟的方案,有"魁阁"的核心人物、运作人费孝通有效并创造性地践行了吴文藻的思想和方案。

哥伦比亚大学社会学博士毕业后,吴文藻于1929年2月回国。燕京大学社会学创始人步济时与吴文藻为哥伦比亚大学的同学,力邀他到燕京大学任教。其时,燕京大学社会学系是倡导与推动社会学中国化的重要阵地之一。吴文藻不仅是社会学中国化摇旗呐喊的倡导者,而且是社会学中国化前进方向的指路人、学术范式的设计师和脚踏实地的实践者。

吴文藻的社会学中国化思路是"一面介绍健全的理论和方法,一面提供正确的实地调查报告"[1],并且形成了系统的学术范式,"以试用假设始,以实地证验终;理论符合事实,事实启发理论;必须理论和事实糅合在一起,获得一种新综合,而后现实的社会学才能植根于中国土壤之上,又必须有此眼光训练出来的独立的科学人才,来进行独

---

[1] 吴文藻:《吴文藻自传》,载《晋阳学刊》1982年第6期。

立的科学研究,社会学才算彻底的中国化"[1]。简言之,就是引进西方社会科学的实证方法研究中国社会事实,通过二者的交互获得对中国社会具有解释力的理论。

在燕京大学任教期间,他已经建构起系统而成熟的社会学中国化方案并开始付诸实施。他安排研究生分赴各地开展实地调查,如林耀华被安排去福建调查福州附近义序的宗族组织,黄华节到河北定县调查礼俗和社会组织,李有义到山西徐沟县调查农村社会组织等。

1938年夏,吴文藻受聘来到云南大学开设社会人类学讨论课程。1939年,又创建云南大学社会学系并任系主任、建立燕京大学—云南大学实地调查工作站并亲任站长,将其在燕京大学形成的社会学中国化方案移到云南大学实施。吴文藻于1940年底离开昆明到重庆担任国防最高委员会参事室参事,尽管在云南大学任教时间不足三年,但却搭建起社会学中国化的"四梁八柱"——努力方向、研究范式、组织机构、学术团队的基本构架,并由其继任者费孝通继续推进,使其在北平种下的社会学中国化"种子"在云南结出了硕果。

这"种子"包括吴文藻在燕京大学任教时精心安排出国留学的学生们学成回国到云南大学从事教学科研工作。在燕京大学期间,吴文藻精心培养学生,选派一批优秀研究生出国深造。他说:"当时我对诸如派哪一个学生,去哪一个国家,哪一个学校,跟谁为师和吸收哪一派理论和方法等总是都根据系内的需要大体上做了具体的、有针对性的安排。这种有目的、有计划、有针对性地选送留学生的方法,确

---

[1] 吴文藻:《社会学丛刊》甲集第一种"总序",载吴文藻《论社会学中国化》,北京:商务印书馆2010年版,第4页。

实收到了较好的效果。"[1]他精心安排出国留学的费孝通和林耀华获得博士学位后来到云南大学任教,担负起社会学中国化的重任。

费孝通于1930年秋从东吴大学转入燕京大学社会学系学习,1933年暑期毕业后考取清华大学社会学及人类学系研究生,入学后又参加由吴文藻主持的燕京大学社会学社。费孝通在吴文藻的安排下于1936年10月考入伦敦政治经济学院,并师从结构—功能主义创始人马林诺夫斯基(B.Malinowski)。通过博士论文答辩后,于1938年10月经越南来到昆明与吴文藻会合,加入云南大学社会学系暨燕京大学—云南大学实地调查工作站,年底被聘为云南大学教授。1940年初,开始接任工作站站长之职,直到1946年7月离开昆明。正是在费孝通的引领与组织下,吴文藻的社会学中国化蓝图在云南大学转化为学术实践。

## 三、社会科学中国化的"魁阁"特征

20世纪20年代末—40年代中期,社会学中国化成为当时许多社会学学者和机构的共识,曾掀起了一股热潮。回顾与比较当时这些学者和机构所推进的社会学中国化的探索与实践结果来看,持续时间达七年之久的燕京大学—云南大学实地调查工作站所取得的成就最为显著,所形成的特征最为鲜明。

### (一)直面中国日常生活的"从实求知"

尽管人类社会早就有关于人及其社会和文化的诸多论述,但直

---

[1] 吴文藻:《吴文藻自传》,载《晋阳学刊》1982年第6期。

认识论、研究议题和方法创新：
论重建民族学

到 19 世纪 30 年代，法国哲学家孔德（Auguste Comte）受到自然科学的实验方法在研究自然现象和技术发明方面所取得的巨大效用的启发，提出借用实验科学的精确的实证方法研究社会的学科——社会学。之后建立起来的社会学及其他社会科学，不论其理论的方法类型如何丰富多样、随着时代的变化而产生多大的变化，但类似于近代实验科学的实证特征未能完全被颠覆。从社会学的创立到第二次世界大战之后很长时间内，"自然主义"（naturalism）即实证主义、社会因果关系（social causation）和功能主义（functionalism）一直被视为社会学及其他社会科学领域的三大基本特征。[1]

从先秦诸子百家到宋明理学，中国思想家们对社会和文化阐述过许多独到深刻、鞭辟入里的思想观点，但因未曾受到实验科学洗礼及其他诸多因素局限而长期流连于"形而上学"的论说方式。作为同属"科学救国"群体的青年知识群体，吴文藻及其前后留学归国的社会科学工作者希望借助西方的社会科学理论方法研究中国社会与解决中国问题，因此，从 20 世纪 20 年代末至 40 年代中期，一批社会学学者致力于推动社会学及其他社会科学领域的中国化，力图为内忧外患之国家排忧解难、奉献力量。

那么，社会学及社会科学如何中国化呢？有研究认为，这一时期的社会学中国化可以概括为"燕京大学和中央大学分别代表早期中国社会学发展的两种不同取向"，前者以燕京大学的步济时为代表，重视社会实地调查，[2] 后者以中央大学的孙本文为代表，倡导"综合文化

---

[1] [英]安东尼·吉登斯：《为社会学辩护》，北京：社会科学文献出版社 2003 年版，第 63—64 页。
[2] 陆远：《中国社会学本土化的早期尝试——基于〈社会学杂志〉〈社会学界〉〈社会学刊〉等杂志的探讨》，载《常熟理工学院学报》2008 年第 3 期。

学派"。吴文藻在燕京大学社会学系工作期间极力推动与组织实地调查，到云南大学工作后，带领费孝通等一批优秀青年学者，努力探索、借鉴国外社会科学的实证方法，建构以实地调查为基本方法解释中国社会的运行逻辑与研究中国的社会问题的中国社会科学。

中国社会的经验事实是社会科学中国化的基础和源泉。费孝通说："直接的知识是一切理论的基础。在自然科学中，这是已经不成问题，而在社会科学中还有很多人梦想着真理会从天外飞来。尤其是现在中国的社会科学，因为外国文字书籍的输入，以为靠了些国外学者在实地所得的知识，可以用来推想中国的情形……我们的回答是：且慢用外国名词来形容中国事实，我们先得在实地详细看一下。"[1] 费孝通在云南大学和西南联大授课的基础上整理成单篇在报刊上发表的文章然后汇集成两部著作《生育制度》和《乡土中国》，两部论著"偏于通论性质，在理论上总结并开导实地研究"[2]，思想观点和理论来源于社区日常生活的调查研究，并要回到实地研究去试用与验证。

笔者曾于 2000 年 7 月和 2001 年 10 月向费孝通先生当面汇报云南大学组织的"跨世纪云南少数民族村寨调查"和计划开展的"新世纪中国少数民族农村调查"两个调查计划时，得到他的充分肯定，说有条件就要多调查、做好调查。

### （二）整合社会学和人类学等多个学科的综合研究

吴文藻涉猎范围广泛，对多个学科都有较深入的理解。虽然他在哥伦比亚大学攻读的是社会学博士，但所修习的课程远远超出社会学

---

[1] 费孝通：《费孝通文集》第 1 卷，北京：群言出版社 1999 年版，第 405 页。
[2] 费孝通：《乡土中国 生育制度》，北京：北京大学出版社 1998 年版，第 88 页。

认识论、研究议题和方法创新：
论重建民族学

的范围，遍及人类学、法学、政治学、伦理学、心理学、统计学等多个学科的课程，其中，人类学对他产生了很深的影响。他回忆道："在哥校期间对我后来研究方向有重大影响的是开始接触了人类学专业。先是旁听了人类学系主任、美国历史学派创始人博厄斯的'人类学'〔有时由他的女弟子本尼迪克特（R.Benedict）代课〕，后来又到纽约社会研究新校上夜课，听著名人类学家戈登卫然（A.Goldenweiser）讲'早期文明'（相当于摩尔根的'古代社会'），出书时改名为《人类学：原始文化导论》，并和戈氏结识。"[1] 经过长期的思考与比较，他找到的社会学中国化进路是"把社会学的理论和方法与文化人类学或社会人类学结合起来"，他认为这种做法"与我国国情最为吻合"[2]。

选择哪一种文化与社会人类学的理论方法与社会学结合呢？尽管他毕业于美国历史特殊学派的大本营哥伦比亚大学，并且亲耳聆听美国人类学和历史特殊学派的创始人博厄斯的人类学课程，但根据社会学中国化的努力方向的要求，从理论的认识论和调查的方法论角度进行比较后，他选择了英国结构—功能主义。吴文藻对自己的理论和方法选择的解释是："原因是我认为一方面历史学派过于强调研究文化的片段，即如博厄斯的大弟子罗给所说的名言：'破碎补缀的文化'，而是像功能学派那样强调从'整体'和各部分的密切关系上来研究文化，另一方面，历史学派的实地调查方法和民族志专刊的编写，也不如功能主义那样完整。"[3] 为了推广结构—功能主义理论和方法，他撰写了一批介绍文章，如《功能派社会人类学的由来与现状》《布朗教授

---

[1] 吴文藻：《吴文藻自传》，载《晋阳学刊》1982年第6期。
[2] 吴文藻：《吴文藻自传》，载《晋阳学刊》1982年第6期。
[3] 吴文藻：《吴文藻自传》，载《晋阳学刊》1982年第6期。

的思想背景与其在学术上的贡献》《文化表格说明》等，邀请英国结构—功能主义重要代表人物之一拉德克利夫-布朗（A.R.Radcliffe-Brown）来中国讲学三个月，请他撰写中国农村调查方法建议的文章、指导林耀华的硕士论文等。之后，他派费孝通到结构—功能学派的大本营伦敦政治经济学院人类学系攻读博士学位，并在英国访问时把费孝通亲自交给结构—功能学派创始人之一马林诺夫斯基指导。可见，为了让社会研究充分体现出中国的文化特征，他真是煞费苦心。吴文藻之所以特别青睐英国结构—功能主义人类学，更深层的原因应该是基于社会学中国化的建设需要，因为是这两位英国人类学家"都具有社会学的视角（这一点，他们和大多数美国人类学家不同），都倾向于将社会制度看作是具有功能的"[1]。

作为伦敦政治经济学院人类学系的毕业生、马林诺夫斯基的学生，费孝通不仅实践了整合社会学、人类学及其他学科研究中国社会以推进社会科学的中国化，而且进行了更为深入的思考与探索，提出了社会学"走综合的路线"的观点和"从各制度的关系上去探讨"的方法。他说："社会现象在内容上固然可以分成各个制度，但是这些制度并不是孤立的。""从各制度的相互关系上着眼，我们可以看到全盘社会结构的格式。社会学在这里可以得到各个特殊的社会科学所留下的，也是它们无法包括的园地。"[2]形成了有别于陈达领衔的清华大学社会学系及其后迁滇后的西南联大清华大学国情普查研究所开展的以人口普查和概况调查为主的学术范式。

---

[1] ［挪威］弗雷德里克·巴特等：《人类学的四大传统——英国、德国、法国和美国的人类学》，高丙中等译，北京：商务印书馆2008年版，第25页。
[2] 费孝通：《乡土中国 生育制度》，北京：北京大学出版社1998年版，第91页。

### （三）整体认知中国社会特征的社区调查研究

为了避免文化研究的空泛性、碎片化和非实证性，吴文藻不遗余力地推动社区研究，要求："民族学家则考察边疆的部落社区，或殖民社区；农村社会学家则考察内地的农村社区，或移民社区；都市社会学家则考察沿海或沿江的都市社区。或专做模型调查，即静态的社区研究，以了解社会结构；或专做变异调查，即动态的社区研究，以了解社会历史；甚或对于静态与动态两种状况，双方兼顾，同时并进，以了解社会组织与变迁的整体。"[1] 显然，吴文藻已经形成系统的社区调查研究理论思考和组织实施方案。

费孝通秉持吴文藻的"社区调查研究对于了解和研究中国社会有比较深入的作用"的思想，并进一步将其理论化，他指出："以全盘社会结构的格式作为研究对象，这对象并不能是概然性的，必须是具体的社区，因为联系着各个社会制度的是人们的生活，人们的生活有时空坐落，这就是社区。每一个社区都有它的一套社会结构，各制度配合的方式，因之，现代社会学的一个趋势就是社区研究，也称作社区分析。"[2]

"魁阁"的学者勉力实施吴文藻倡导的"大家用同一区位的或文化的观点和方法，来分头进行各种地域不同的社区研究"[3]方案，组织实施了一系列的调查研究，完成了一批优秀成果。可以说，在20世纪前半叶的中国社会科学机构中，没有第二个机构完成数量如此之多、类型如此齐备、内容如此详尽、议题如此明确的社区研究成果。

---

1 吴文藻：《中国社区研究的西洋影响与国内近状》，载《北平晨报》"社会研究"第102期，第447页。
2 费孝通：《乡土中国 生育制度》，北京：北京大学出版社1998年版，第91—92页。
3 吴文藻：《吴文藻自传》，载《晋阳学刊》1982年第6期。

完成了一批把社会学和人类学整合起来、借鉴结构—功能主义的文化整体论范式和参与观察方法调查研究不同类型社区的成果，揭示出中国特色的社会结构和文化模式。

表1 "魁阁"社区调查研究主要成果一览表

| 社区类型 | 社区调查研究成果名称 | 作者 |
|---|---|---|
| 传统农村 | 《禄村农田》 | 费孝通 |
| | 《易村手工业》 | 张之毅 |
| | 《玉村农业和商业》 | 张之毅 |
| | 《祖荫下》 | 许烺光 |
| 现代工厂 | 《昆厂劳工》 | 史国衡 |
| | 《内地女工》 | 田汝康 |
| 汉族社区 | 《化城村乡的经济传统》 | 谷苞 |
| | 《堡村商业》 | 郑安仑 |
| 少数民族社区 | 《摆夷的摆》 | 田汝康 |
| | 《汉夷杂区经济》 | 李有义 |

### （四）学术群体的共同价值追求与学术实践

"魁阁"的十多名学者是在吴文藻的学术思想和社会学中国化计划感召下聚集在一起的学术共同体。费孝通说："在这里我回想起魁阁，因为它是在吴老师实用来实行他多年的主张为社会学'开风气，育人才'的实验室。在他的思想号召下吸引了一批青年人和我在一起共同在十分艰苦的条件下，进行内地农村的社会学研究工作。"[1] 其运行模式

---

[1] 费孝通：《吴文藻与魁阁》，转引自潘乃谷、王铭铭编：《重归"魁阁"》，北京：社会科学文献出版社2005年版，第4页。

是:"采取理论与实际密切结合的原则。每个研究人员都有自己的专题,到选定的社区里去进行实地调查,然后在'席明纳'里进行集体讨论,个人负责编写论文。这种做研究工作的办法确能发挥个人的创造性并得到集体讨论的启发。效果是显然的。"[1]

这个学术群体具有更全面、更准确、更深入认知中国社会和文化的共同目标,为此大家可以无所顾忌地表达自己的观点、展开真诚直言的争论。费孝通回忆道:"有人误解魁阁,以为它是抄袭某某学派,其实在它刚刚开始的时候,就是一个各学派的混合体;而且在经常的讨论中,谁也不让一点儿,各人都尽量把自己认为对的申引发挥,都在想多了解一点中国社会和文化的实情。"[2]张之毅回忆道:"费先生很重视培养年轻人,他能让我们独自上阵,这样就加速了年轻人在研究工作上的成长。我们经常举办小型学术讨论会,由一个人作专题报告,大家提意见,在费先生领导下,会开得很活跃,收到集思广益的效果。费先生民主作风很浓,我们平起平坐,对他写的文章也能改,意见也能驳,这样不仅不伤和气,而且还使年轻人很尊重费先生。在我们那个小团体中,认为个人的发展是有利于集体的发展的,不把两者对立起来,我们团体小,不分科研第一线和第二线,我们的著作自己油印,费先生善于刻写,几乎所有蜡纸都是由他用铁笔刻写的。我们当时大家都住在一起,彼此见面机会多,谈世界,国内大事,互相启发。我们有个特点:对事不对人。所谈的不是政治上的大问题,就是学问上的问题,从不议论别人之间的私事。还有,那时科学研究是与教学相

---

[1] 费孝通:《〈云南三村〉序》,载《云南三村》,北京:社会科学文献出版社2006年版,第4页。
[2] 费孝通:《物伤其类——哀云遗》,转引自潘乃谷、王铭铭编:《重归"魁阁"》,北京:社会科学文献出版社2005年版,第9页。

结合的,而且以科学研究为主,教材比较独出心裁,很少照搬人家的。那时有个想法,就是想研究中国的社会,建立中国的社会学,写出中国的东西来。"[1]

## 四、"魁阁"社会科学中国化的启示

一是杰出的学术带头人是推动社会科学中国化的重要动力。"魁阁"之所以能迈上社会科学中国化的大道并快速向前奔驰,吴文藻和费孝通发挥了极其重要的引领与推动作用。他们的人生经历及在"魁阁"时期的作为表明,杰出的学术带头人必须具备出类拔萃的综合素质,兼备有责任、有学识、有能力、有人缘四种基本素养。有责任,就是具有增进民众福祉、维护国家统一、推动学术进步的责任感;有学识,就是学问广博并具有深刻的思考和准确的判断,能够正确辨识哪些方向、哪些理论、哪些领域、哪些问题是有价值、有前景的,并能结合自己所在机构和人员的条件选择与决断恰当的发展方向、关键领域、突破重点并制定切实可行的实施方案;有能力,就是具有把学术组织目标有效转化为实践的能力,其中包括搭建与维护学术平台、组织团队开展科学研究和学术活动的、解决行政困难和破解学术瓶颈等的能力;有人缘,就是对内有凝聚力、对外有亲和力,能够把学术团队团结起来合作共事,能够与国内外学术界有深入的沟通交流并形成互惠合作。卓越的学术带头人必须具备突出的综合素质,"四有"缺一不可。

二是拥有共同价值的学术共同体是实现社会科学中国化的重要基

---

[1] 张之毅:《社会调查的一些经验体会》,1980年5月27日,未刊稿。

础。"魁阁"能完成这么多社区研究成果、能在社会学中国化道路上走这么远、能产生这么大的学术影响,与一批学者围绕着共同学术目标,按照吴文藻的社会科学中国化方案,在费孝通的带领下精诚合作密切相关。中国的历史悠久、地域广袤,无论是自然地理环境还是地域社会文化都存在较大的差异性,作为以社会事实为基础的社会科学,仅凭某一个或某几个学者的力量难以获取可供比较的经验事实和较为完整的社会信息,难以营造出具有创造性的文化语境和学术生态,难以实现社会科学中国化的重大突破。

三是国际学术交流合作并站在学术前沿是实现社会科学中国化的基本前提。社会科学中国化的目的是为了挖掘中国思想和文化,解释与洞察社会生活的思维方法和理论价值,更加有效、更加准确地解释中国社会和中国经验,为世界奉献中国经验、中国智慧和中国学术。因此,社会科学中国化,既要破除盲目追捧西方的迷信,摆脱简单摹仿国外社会科学理论和方法的陷阱,又不能妄自尊大、闭门造车,不能够阻断与国际学术界的交流合作,不应该拒绝学习与消化国外社会科学的优秀成果。只有牢固地站在中国的历史过程和社会现实的土地上,充分汲取人类的思想精华和科学成就的养分,并深入挖掘中国智慧的潜力与有效解释中国社会文化的社会科学,才是真正地实现了社会科学中国化。

# 第三章
# 民族研究的危机及其破解
## ——学科认同、学者信任和学术体制的视角

如果说民族研究到了"最危险的时刻",难免会招致危言耸听的诟病或不屑一顾的讥讽。仅从学科的存续和学者的生存来说,离危机尚远;但从学科认同和社会信任的角度来看,危机始于20世纪90年代,之后不断蔓延。

### 一、民族研究危机的来源

危机首先来自民族研究的学者内部,即学者的学科认同危机。"堡垒往往从内部攻破。"反观中国民族研究危机的形成过程,此言不虚,民族学内部对自身认识的不足或错误导致学科存在合法性危机。随着思想禁锢的逐渐打破,20世纪80年代中期,开始有学者对斯大林的民族定义进行讨论。苏联解体之后,出现了一批质疑斯大林民族定义的文章。进入21世纪后,"族群"(ethnic group)、"国族"(nation)

认识论、研究议题和方法创新：
论重建民族学

等理论被引入，学者们把 ethnic group、nation、nationality 等西文词语与"民族"概念相比较，"民族""族群"和"国族"三者关系的讨论一时间成为学术热点，其中能否用"族群"取代"民族"产生了激烈的争论，尽管争论并无结果，但国内最著名大学的著名学者用"族群"取代"民族"的观点产生了深刻的影响，包括其反对者也无意识中受其左右，一些机构的英文名称将"民族"译为"ethnic group"。与此同时，西方的族群建构理论和运用该理论研究中国民族的著作在中国学术界传播，反思中国民族识别的成果开始出现，其中不乏质疑其科学性与批判其随意性的观点。由此，民族研究的对象越来越模糊不清，民族研究的支点开始动摇甚至坍塌，民族研究或民族学的合法性和正当性遭遇挑战。于是，具有"高端、大气、上档次"的人类学成为救命稻草，委身于人类学或攀附人类学成为时尚，不仅原来从事民族研究的学者纷纷改换门庭，给自己贴上人类学家的标签，而且变成组织行为——研究机构开始更名换姓，学术团体把人类学的标签贴到更显眼的位置，拥有学术话语权的学者牵头发起向社会学一级学科争夺人类学归属的"争夺战"。个中缘由大家羞于启齿但却心知肚明：民族研究的自信和民族学的学科认同出现了危机！

其次，危机来自社会信任，即民族事务管理机构和民族地区的干部、关注少数民族和民族问题的公众失去了对民族研究者的信任。随着中国经济改革和社会转型的推进，各少数民族的生活方式、价值观念等各方面都发生了巨大的变化，涉及民族因素的矛盾冲突骤然增多且趋于复杂化，甚至在一些地区频发暴力恐怖事件。以民族研究为己任的民族学主要在做什么呢？第一种是延续注释经典和文件的意识形态化研究路径，用以百年前欧洲民族问题为基础提出的理论观点和研究思路解释中国当下的民族，或论述各种文件的经典理论基础等合法性和正确性；第二种是热衷于引进西方概念和阐发宏大的理论，其论著新术语频出，因新颖、深奥和前沿而吸引了一批青年学人趋之若鹜；第三种是绕过关涉当前各民族生存发展和民族问题解决的论题，沉迷于无关宏旨的文化细节的调查研究；第四种是接受有关领导或政府机构委托完成研究课题，出于在有限时间完成有限任务的需要，常常未经系统深入的调查研究便草率地做出判断或结论，不时出现研究者的民族团结和谐判断的话音未落就发生暴力冲突事件的情况。尊重学术自由是学术发展的前提，学者根据自己的兴趣和特长开展研究本来无可厚非，更无责难的理由和必要，然而整个群体或学科对于当前中国民族的阶段性特征及其迫切需要讨论与解决的重要问题几乎都不做深入系统的调查研究、不做令人信服的有效回应，对于民族工作者及广大公众来说，就等于民族研究群体和中国民族学学科的失语、妄语和呓语。这样的学科怎么能够博得社会的信任和尊敬？

最后，危机源于体制问题。一方面，改革开放以来，言论自由和学术自由的空间不断扩大，中央高层和公众都想听到真话，希望获得真知灼见，但有些人视民族研究和宗教研究等为"险学"而避之唯恐不及，针对民族宗教研究设置关卡，致使许多调查真实资料和讨论真问题的论著胎死腹中，或最有价值部分被删节。如此，必定促使民族研究者们放弃认真调查、研究真问题的学术路径，而转向无需太多太难的调查和反复深入探究就能完成成果的道路。另一方面，学术资源的配置模式制约了民族研究的进展。中国的学术资源分配与社会财富分配类似，存在着权力垄断资源和资源分配不公的问题，掌握学术权力者控制了大部分学术资源，形成了学术资源过度集中的弊端，致使许多踏踏实实做田野、认认真真做研究的人没有资源做事或因资源有限而难以做成事。其结果必定是：无能力生产出高质量产品的人占有了大量机器和原料，有能力生产出高质量产品的人却无机器可用和无原料可以加工而处于停工状态，充斥市场的必然都是劣质产品。其恶果是：拥有学术资源者调查所呈现的情况被社会当作社会事实的全部，所提供的判断被当作唯一的判断，从而误导决策者和社会公众。

## 二、民族研究危机的破解

那么，如何破解民族研究的危机呢？

首先，重构"民族"概念，寻回被拆迁的"家园"。反思是学术进步的必要路径，解构既有学术范畴和理论范式，能够细化与深化学者及其他群体的认知，促进学术创新，并往往会产生"棒喝"般振聋发聩的效果，然而，反思与解构的最终目标不是毁弃而是建设。从民族学学科来说，研究对象"民族"为其位居首位的核心概念，"民族"概念的被解构意味着学科合法性遭受质疑，学者们学术研究的"家园"被"强拆"或被宣判为"危房"，其结果是让学者们流离失所，惶惶不可终日，如丧家之犬，因此，重构"民族"概念、重建学科的合法性和学者的学科认同，是中国民族研究的当务之急。从当前国内外情势来看，各种含义和各种类型的"民族"的新情况、新问题不断涌现，矛盾甚至冲突频繁发生，关乎不同国家、不同区域的社会稳定、民众安全，迫切需要有专门的学科进行调查研究并做出有效的回应与解释，不能因为西方没有这样的学科而放弃这个学科，不能因为谋求所谓学术的"国际接轨"而弃之如敝屣，因此，重构"民族"概念、重建学

## 第三章
### 民族研究的危机及其破解

科的合法性和学者的学科认同,也是社会科学回应与解释社会生活的社会责任。

"民族"概念如何重构呢?需要对解构者的解构方式进行解构。解构者对"民族"的解构路径有二:一是从中文"民族"与西文的 nation、nationality、ethnic group 之间的关系入手,认为中文的"民族"与西方的相关语词不相对应,故中文的"民族"存在问题,必须取消或更改。马林诺夫斯基早在 1923 年就提出了"文化语境"(context of culture)概念,费孝通先生也提出过翻译过程中的"文化缺省"问题,指出因语言的文化语境相异,不同语言的言语或语词之间一一对应是不可能的也是没有必要的,以西文为标准清理中文则是一种语言暴力!限于篇幅在此不一一辩驳,另撰文详细评论,仅对西方学者用 nation 和 ethnic group 两个概念指称中国少数民族的问题略做几句简单的评议。为一些中国学者所接受的西方学者的 nation 定义是:那些具有自治要求,已被政治疆界化或正在追求政治疆界化的族群。"具有自治要求"和"正在追求政治疆界化"如何确认?其主语是谁?如何判定?因此这一定义是一个缺乏任何客观标准而可以任意使用的模糊概念。但翻阅西方学者研究中国民族的论著则会发现,他们大都用"nation"指称藏族、蒙古族、维吾尔族,而且用"ethnic group"指称其他少数民族,其根据是什么?用意大家心知肚明。二是从"民族"所指的多义性切入,指出"中华民族"的"民族"与"少数民族"的"民族"不同,故"少数民族"之"民族"应该改用"族群"。略有语言学常识的人都知道,任何语言的许多语词的所指或既有广义也有狭义,或既可指称整体也可指称部分,或既有泛指也可特指,具体所指为何则视其语境而定,并不妨碍沟通交流。有学者指出,具有中国之外国家国籍的华人也称自己属于"中华民族","中华民族"的"民族"也并非"nation"。因此，以"民族"所指具有多义性为由要求将"少数民族"之"民族"改为"族群"的论说，依据也是不充分的。反思与解构"民族"的专家们恰恰忽略了或有意回避了辨析概念或语词最应该应用的方法——语用学（pragmatics），即通过语境解释言语行为，走出语义学的二价（"X 的意思是 Y"）的局限，通过语用学的三价（"通过 X，S 的意思是 Y"）方法理解与解释话语的意义。从语用学的角度来理解，"民族"的多义性并不构成使用与交流的障碍，在具体语境中其意义是清晰明确而可以准确理解的。广义的或泛指的"民族"就是"民"（"人"）和"族"（"群"）两个语素的组合意义，所指为与文化相关的人群，囊括了国民或国族（nation）、族群（ethnic group）、中国 56 个民族（minzu）、中华民族之民族；狭义的或专指的"民族"，既可指国民或国族（nation），也可指族群（ethnic group），也可指中国 56 个民族中的任一民族，还可指中国少数民族；特指的"民族"（minzu），就是指中国民族识别所确定的 56 个民族。"民族"具体所指为何义，语境会提供选择与判定。以上各种"民族"都是民族学的研究对象，也就是说，民族学以广义的民族为研究对象。民族是一种包含着心理经验的社会事实而不是子虚乌有的主观幻象，以之为研究对象的民族学具有无可争辩的存在合法性。

其次，确立"求真务实"学风，探索与运用一切能够全面准确把握有关民族的社会事实并做出有效解释的研究方法。理论的译介与辨析是必要的，然而，在国内外民族社会文化急剧变化的当下，前人未曾经历与解释的新情况和新问题层出不穷，更需要坚持费孝通先生所倡导的"求真务实"学风，全面、准确、及时地把握急剧变化之中的民族及其相关的社会事实，以求做出系统、深入、有效的回应与解释。"纸上得来终觉浅，绝知此事要躬行"，经常性和系统化的田野调查应当成为从事民族研究学者的生活常态和发表言说的必备前提。不仅如此，还需要发扬费老的"闯"的精神，探索与运用一切能够更为全面、更为准确地获取民族及其关涉到的社会事实的方法，如量化研究、统计分析、地理信息系统、大数据挖掘、社会实验等，超越小型社区研究、族别研究和文化撰写的模式，以适应各民族之间、各地域之间、民族与国家之间、民族与全球政治经济格局之间的关联比以往更为频繁、更为复杂的社会实践，并做出系统而可靠的解释，切实担负起大变革时代知识分子应有的社会责任。

再次，厘清民族学与人类学的关系，重建民族研究者的学科认同。国内学界存在着或隐或显的以西方为参照系的思考方式。在民族研究领域，有人以民族学在西方现在的学科设置中已经消失或并入人类学为由否定民族学存在的合法性或贬损民族学的价值。我认为此说无法成立，是西方没有而中国有的事儿俯拾即是，西方没有并不能决定中国不能有；二是西方没有民族学或民族学已经消失并非事实，不是有 International Union of Anthropological and Ethnological Sciences 这么一个国际学术组织吗？美国除了 American anthropologist 之外，不是还有 American ethnologist 吗？即使民族学在西方学科体系中已被取消或自然消亡，中国保留它仍然具有充足的合法性和合理性，学科是否有存在的合法性取决于社会是否需要和能否生产出有效的知识或思想，而不是西方有无。从人文社会科学的研究对象来看，社会事实本身都是整体性和综合性的，并不存在孤立的所谓政治、经济、艺术事项。从学术演化的过程来看，人类早期并

认识论、研究议题和方法创新：
论重建民族学

无学科划分，古希腊时期的柏拉图、毕达哥拉斯、亚里士多德等和中国的孔丘、老聃、庄周、墨翟等上古中西哲人都属于百科全书式的学者。现代的学科体系始建于欧洲文艺复兴时期，学科分类乃为了处理日益增长的知识而做的学术分工，是建构的产物。民族是一种综合性的社会事实，几乎囊括了人类社会的所有领域，因而民族学必定与历史学、社会学、政治学、经济学、人类学等诸多学科相互关联与交错，需要借鉴与运用其他学科的理论、知识和方法。其中，运用民族志方法研究人类文化的人类学与研究以文化为纽带结成的人群即广义民族的民族学之间的相通性、相似性最强，研究领域和理论方法交叉、交错、共享最多，人类学研究人类的社会文化必然会涉及族群、民族、国族等与文化相关的人群，民族学研究族群、民族、国族等与文化相关的人群必定会关注其社会文化，然而，这并不等于说民族学与人类学完全重叠、彼此替代，和同一个学科，犹如同一父母所生的子女之间存在许多遗传的和文化的相似性，但他们仍然是各自独立的个体。民族学与人类学在研究旨意和研究重点上存在着细微但不能忽略的差异，前者聚焦于族群、民族、国族等人群，也就是说，以与文化相关的人群为研究焦点，以解释其形成演变、族性特征、关系模式、相互转化为重点，知识生产的目的是认知相关文化群体与妥善解决群体之间各种形式的对立冲突，后者聚焦于人类的社会文化，即使涉及相关人群，人群只是其边界，仍以其社会文化为研究焦点，旨在解释人类的社会文化与文化之间的关系，换言之，前者以社会文化的创造者和传承者即主体——人群为中心，后者以人群所创造与传承的社会文化为中心。因此，费孝通先生的社会学、民族学、人类学三科并立的意见是非常中肯的，民族学与人类学之间不是同一关系和包含关系，而是并列关系和交叉关系，不能也不应互相取代。后者不必由于自身在西方属于主流而妄自尊大，贬低甚至否定前者，也不必因为尚未成为独立的一级学科而怨天尤人；前者也不要因此而妄自菲薄或盲目攀附，更不要借此而阻碍后者成为一级学科的努力或策动将其纳入自己的一级学科囊中。作为在当今学科体系中规模小、受重视程度低、话语权弱但彼此关联密切的两个学科，民族学与人类学"各美其美"、相互合作与支持，才能"美美与共"、做好做大、为人类贡献有益的知识和思想。

最后，吁求进一步敞开讨论与研究民族、宗教的大门，构建广开言路、平等对话、共同协作的体制机制。"恐民"只会导致"民恐"。真相不大白于天下，谣言便大行其道。让更多完整、真实、规范的民族调查公开面世，社会对各民族的生活状况、合理诉求及其满足程度、存在的困难和问题等就可能获得较为全面、真切的认知与理解，决策者就可能有针对性地制定或完善政策措施。不同研究者对于民族形势、民族关系等都会有自己的理解和判断，但未必准确、全面，盲人摸象的情况在所难免，因此，只听一家之言、独尊一人之见，难免造成与事实不相符合的错误，如果被决策者采纳就可能导致严重的后果。只有建立起通畅的言论通道、良好的沟通秩序、平等的对话程序、共同协商的机制，才能获得关于民族的相对完整、确切的理解与判断，也才有可能制定妥善、合理、有效的决策，最终实现民族团结进步、社会和谐稳定的目标。

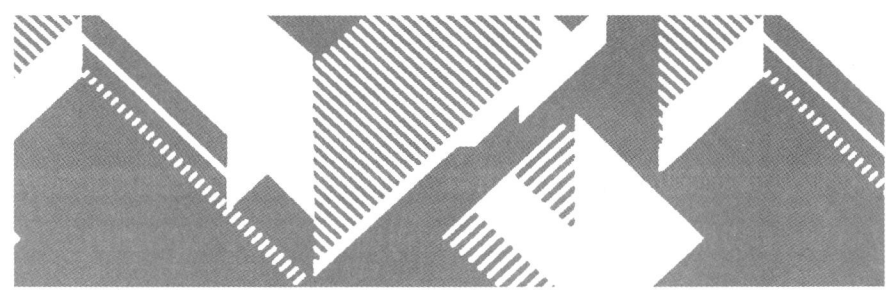

# 第四章
# 民族研究认识论转向与民族学知识体系重构

20世纪80年代后期以来,民族学界在反思与争论过程中不断发现我国民族研究存在的一系列问题和缺陷,甚至出现了学科认同和社会信任危机。[1] 近年来,学者们提出若干解决方案,然而,多年过去之后似乎未见明显成效。作为认知、判断与解释世界万物的基本信念、原则和框架,认识论(epistemology)对于学者的知识获得和知识建构具有前置性、意向性和方向性的重要作用,倘若从认识论视角探寻我国民族研究存在的问题,或许能够发现阻碍民族学知识体系创新的深层次根源,并寻找到更换民族研究"照相机"上透光性不佳的"镜头"的进路。

---

[1] 何明:《民族研究的危机及其破解——学科认同的视角》,载《清华大学学报》2016年第1期。

认识论、研究议题和方法创新：
论重建民族学

# 一、从初民社会范式转向复杂社会范式

范式（paradigm）是学者从事学术研究的总体认识论模型，或者说是学术研究的理性化、系统化、学科化的认识论。瑞泽尔（George Ritzer）认为："范式是某一科学领域内关于研究对象的基本意向，它可以被用于界定应该研究什么、提出什么问题、如何对问题进行质疑以及按照什么样的规则解释所获得的答案。"[1]也就是说，学术范式在学者开始研究之前早已对研究对象和研究领域给出基本判断和解释框架，成为学者认知研究对象、进行知识生产的认识论体系。绝大多数学者都经历过某一学科、领域或学术共同体所共享的信仰、价值和技术集合而成的范式的规训过程，所开展的研究大都属于库恩（Thomas Kuhn）所说的"常规科学"（normal science），即"坚实地建立在一种或多种过去科学成就基础上的研究，这些科学成就为某个科学共同体在一段时间内公认为是进一步实践的基础"[2]，因此，范式犹如天文学家的望远镜或生物学家的显微镜，为特定学者群体获取数据、证据、经验等事实的必备工具，往往决定着他们对研究对象的总体判断、获取与遴选信息的基本方式。学者对范式高度的依赖性、盲从性和黏着性，一旦形成就难以放弃，即使遭遇范式无法解释的事实，多数情况下只会怀疑所获得的事实或研究过程是否存在错误，而不会轻易怀疑范式本身。只有当与范式相抵牾的事实积累到一定数量以至于引起相当多的学者产生危机时，才有可能产生范式革命。

---

[1] George Ritzer, *Sociology:A Multiple Paradigm Science. Explorations, in Social Theory: From Metatheorizing to Rationalization* (Allyn & Bacon, Incorporated, 1975),p.8.
[2] 库恩：《科学革命的结构》，俞吾伦、胡新和译，北京：北京大学出版社2012年版，第8页。

# 第四章
## 民族研究认识论转向与民族学知识体系重构

众所周知，西方的民族学和人类学都起源于西方殖民地社会的研究，殖民地"原始社会"或"初民社会"的特殊性及其殖民地政府的管理需要是催生欧洲民族学和人类学的"助产婆"，同时构建起具有民族学和人类学鲜明特征的初民社会范式，形成学科研究对象的基本意向——初民社会。

作为学术团体的英语名称，首先使用"ethnology"的是1843年成立的"伦敦民族学协会"（Ethnological Society of London，简称ESL），其成立的动因来自研究非英国国教徒的辉格党激进主义者，为反对非洲奴隶贸易和改善殖民地土著人状况运动，而成立的人权组织"土著人保护协会"（Aborigines Protection Society，简称APS），所积累的大量殖民地人群的资料。其研究范围，既包括殖民地土著的身体特征，也包括其精神特征。"伦敦民族学协会"坚持反种族主义的思想，提出人类不同种群的一元起源观点，倾向于用不同环境的差异影响解释人类的多样性，认为不同"种族"成员在智力上是平等的，"低等"人群具备进步的能力。同时，协会内外存在着一批反对一元起源论而主张多元起源论的学者，他们致力于种族之间差异的解剖学研究，认为种族的多元发生是导致人类文化和精神多样性的根源。学术见解和意识形态的对立导致了协会的分裂，1863年种族主义语言学家亨特（James Hunt）率领一群人从"伦敦民族学协会"中分离出来，组织成立"伦敦人类学协会"（Anthropological Society of London，简称ASL）。尽管"伦敦人类学协会"成员扩张很快，但其种族主义的主张、怪异的活动引起学界的反感。1871年，著名的生物学家、进化论的重要代表人物赫胥黎（Thomas Husley）将两个学会统合起来，成立了统一的组织"大不列颠和爱尔兰人类学会"（Anthropological

Institute of Great Britain and Ireland)。该学会凭借赫胥黎的崇高地位和包容性而获得持续发展,1907年获准改名为"大不列颠和爱尔兰皇家人类学会"(Royal Anthropological Institute of Great Britain and Ireland)并一直持续至今。在最早设置人类学学科的牛津大学的学科体制内,人类学处于劣势地位,被限定在研究海外"野蛮人"的范围。这迫使人类学家奔赴非洲、大洋洲、亚洲等地开展田野调查,进而成为英国人类学的传统。对中国民族学和人类学影响深远的马林诺夫斯基(Bronislaw Malinowski)、拉德克利夫-布朗(Alfred R. Radcliffe-Brown)也是以没有文字、没有民族国家的"岛民"为研究对象构建起结构—功能主义范式。

与欧洲民族学或人类学研究海外殖民地的起源路径略有不同,美国人类学始于对本土印第安人的研究。19世纪早期,旅行者、作家、政治家和来自不同学科的学者们,对印第安人进行了各种各样的调查与解释,其中最著名的是律师摩尔根(Lewis Henry Morgan)对易洛魁部落的调查研究并于1877年出版的《古代社会》。至19世纪后期,随着美国西部开发的需要,印第安人的调查研究引起政府的重视,先后成立"美国地质调查局"和"美国民族局",建立"史密森尼国家博物馆"、哈佛的"皮博迪博物馆"和纽约的"美国自然历史博物馆"等,开展了一系列调查工作。曾经在德国柏林皇家民族学博物馆工作的博厄斯(Franz Boas)在1895年前后移民到美国,把德语区的民族学传统与英语系统的人类学学科结构结合起来,针对无文字的印第安人研究设计出由文化人类学、体质人类学、语言学、考古学4个领域构成的人类学学科结构,并创建了历史特殊论学派,进一步系统化与制度化了民族学和人类学的初民社会范式。

## 第四章
## 民族研究认识论转向与民族学知识体系重构

至20世纪20年代中期,与社会学互动密切的芝加哥大学人类学家开始尝试把研究目光转向现代国家的乡村和小城镇人群。1926年,雷德菲尔德(Robert Redfield)把人类学在初民社会研究中形成的理论和方法运用于现代国家结构中的墨西哥泰普兹特朗(Tepoztlan)村庄的田野调查。"他的研究是将由初民社会的人类学研究发展出来的方法和概念运用到一个现代国家的最有影响力的早期尝试"[1],开启了人类学的社区研究。在此期间,美国的一些机构开始提出有关种族关系的研究论题,赫斯科维茨(Melville Herskovits)等一批人类学家接受资助,调查研究美国黑人的生活。至第二次世界大战前后,美国政府为了掌握敌对国或占领国的社会文化信息并对其优势和劣势进行评估,及与敌对国或占领国的美国支持者及游击队建立联系,向人类学界提出了调查研究需求并给予项目资助。其中最著名的成果就是本尼迪克特(Ruth Benedict)的《菊与刀》。1944年,本尼迪克特受美国战争情报局委托,研究"日本人是什么样的"的问题。她以日本整个国家为分析单位,从文化内部寻找证据,进行国民性的研究。该书出版之时恰逢美国打败了日本,但却对其不知如何处置,故受到官方和社会的高度重视,对美国安排日本战败后的政治格局的决策(如保留天皇等)产生了重要影响。

第二次世界大战结束后,民族解放运动在世界各地风起云涌,殖民地纷纷摆脱殖民统治而独立建国,"原始社会"迅速被纳入民族国家体系而消失殆尽,早期人类学的"原始社会"研究范式失去了研究

---

[1] [美]西德尔·西尔弗曼:《美国的人类学》,载[挪威]弗雷德里克·巴特等:《人类学的四大传统——英国、德国、法国和美国的人类学》,高丙中等译,北京:商务印书馆2008年版,第352页。

对象而被收纳进学术史博物馆,人类学家纷纷转向现代社会研究。当今社会的不同领域和不同论题进入了人类学的研究范围,有的甚至成为人类学的分支学科,如都市人类学、科技人类学、移民人类学等,并发展出一系列的复杂社会研究的学术范式和现代主义的认识论,如雷德菲尔德的"乡村—城市连续体"(folk-urban continuum)、施坚雅(G.William Skinner)的"区位理论"(locational theory)、西敏斯(Sidney Mintz)和沃尔夫(Eric Wolf)的"文化—历史法"(cultural-historical method)等等。

在中国引进国外民族学和人类学的 20 世纪初至 40 年代中期,人类学的复杂社会研究处于早期的探索阶段,尚未获得学界的普遍认可,初民社会范式仍居于主导地位,故中国学界引进的主要是初民社会的学术范式,民族学和人类学学界普遍接受的是认识初民社会的思维方式。20 世纪 50 年代至 80 年代,摩尔根的《古代社会》基本上被奉为唯一的西方经典,进化论定于一尊并框定了中国学术研究的认识论和学术话语与型塑了两代学者的学术范式。[1] 20 世纪 80 年代以后,随着改革开放的推进,国外民族学和人类学研究成果的引进力度加大,除了早期的进化论、结构—功能论、历史特殊论外,从结构主义、象征人类学、阐释人类学到后现代人类学等论著批量性地翻译成中文出版。然而,从文本阅读到转化为研究范式和认识方法却需要时间的积累,从概念、理论的引用与阐述到其背后的逻辑脉络和认识方法的洞察与运用,需要通过学者的代际更迭来完成。从中国民族学及民族研究的现状来看,只有费孝通等极少数学者意识到了从初民社会范式转

---

[1] 参见潘蛟、彭文斌:《学科史对话:从社会进化论到东方学批评——我们经历的学术变迁》,载《中南民族大学学报》2019 年第 4 期。

向复杂社会范式的必要性,并自觉地运用社会科学方法研究现代国家背景下的民族和民族问题。更多的研究者至今仍然把《西太平洋的航海者》《安达曼岛人》等封闭岛屿社会的民族志奉为圭臬并亦步亦趋,把民族或社区预设为类似于"原始民族"的自治自足社会,鸵鸟般地把头扎进研究对象的生活之中,"不知有汉,何论魏晋";或有意或无意地沿用初民社会范式与方法解释中国的民族社会,而无法完整准确地把握研究对象,遮蔽了许多真问题。

从初民社会范式转向复杂社会范式、从原始主义转向现代主义,需要解决的首要问题包括以下两个方面:

一方面是建立国家视角,把国家尤其是现代国家带入民族研究之中。"复杂社会"与"初民社会"即"原始社会"的根本性区别在于有无国家的制度性设置。复杂社会"指有国家组织的体系,包括那些前现代时期的国家体系(旧世界和新世界的文明)、那些近代工业化时期的国家体系以及那些来源于后殖民地时期或其他近期政治转变后的国家体系"[1]。众所周知,中国是世界文明古国之一。至于国家何时出现,学界有不同的观点。其中,著名考古学家苏秉琦先生提出的中国国家发展"古国—方国—帝国"的"三部曲"学说认为,中国的国家起源经历了从距今五六千年前的红山文化为代表的古国、发展到夏家店下层文化为代表的方国、再演进到秦帝国的历史过程。[2] 在这一过程中,国家的治理结构逐渐成型,《诗经·小雅·北山》的"溥天之下,莫非王土;率土之滨,莫非王臣"诗句说明其时国家的控制能力。尽

---

1 [美]西德尔·西尔弗曼:《美国的人类学》,载[挪威]弗雷德里克·巴特等:《人类学的四大传统——英国、德国、法国和美国的人类学》,高丙中等译,北京:商务印书馆2008年版,第351页。
2 参见苏秉琦:《中国文明起源新探》,北京:生活·读书·新知三联书店1999年版。

认识论、研究议题和方法创新:
论重建民族学

管在相当长的历史时期,甚至到民国时期,尚有许多区域和人群没有完全纳入国家直接或有效的控制范围,但大部分区域和人群都与国家存在着或直接或间接、或紧密或疏远的关联。因此,中华大地上大多数民族早已走出初民社会而进入复杂社会,特别是20世纪50年代的社会主义改造,将中华人民共和国领土范围内的所有区域、所有人群全部纳入国家统一管理范围,那些被判定为处于"原始社会"的民族也都"直接过渡"到社会主义社会,仅有个别区域、个别民族保留着一些"原始社会"的"历史遗迹"而已。时至今日,各个区域、各个民族无可避免地卷入现代性和全球化,而被学者们视为珍宝的传统文化遗迹已成非物质文化遗产,其中越来越多的内容趋向濒危状态。这从另外的角度说明,初民社会在中国早已不复存在,国家版图范围内的所有群体不仅早已进入国家体系,而且自近代以来开始了现代国家化的进程,至中华人民共和国成立与实行社会主义改造则完成了全域的现代国家化,任何地域的任何民族都在现代国家体系之内并全方位接受国家的引导。

另一方面是确立国族维度,把中华民族共同体意识及其构建作为观察与研究民族问题的重要观照。在多民族国家,各民族之间、各民族与国家之间不可避免地存在着一定的张力。世界各个民族国家的经验教训表明,能否建立起有效维护各民族之间的和谐关系与增强各民族的国家认同的制度体系和治理模式,决定着国家的安定、政权的稳定和经济社会的发展。中华民族是世界上人口规模最大的民族,也是唯一数千年来文化传统未曾中断过的民族。中国大地上的各民族都是中华民族不可或缺的重要组成部分,都为中华民族的发展和壮大做出了贡献,为中华文化的形成和繁盛奉献了智慧,彼此之间早已形成了

"你中有我、我中有你、谁也离不开谁"的血肉联系和互补共生的同胞亲情。各民族只有共同团结进步、共同繁荣发展,才能实现中华民族伟大复兴的中国梦。因此,在进行民族研究时,无论是具体的个案研究、族别研究,还是宏观的理论推导,中华民族共同体的宏观观照和解释维度必须始终保持。

## 二、从本质论转向实践论

受西方古典哲学、传统人类学和苏联民族学的影响,我国民族研究的认识论具有明显的本质论(essentialism)倾向。

本质论是西方古典哲学讨论的核心论题,也是其认识论的基本导向。古希腊哲学家亚里士多德(Aristotle)明确说:"它研究'实是之所以为实是',以及'实是由于本性所应有的禀赋'。这与任何所谓专门学术不同;那些专门学术没有一门普遍地研究实是之所以为实是。它们把实是切下一段来,研究这一段的属性,例如数学就在这样做。现在因为我们是在寻取最高原因的基本原理……所以我们必须认清,第一原因也应当求之于实是之所以为实是。"[1]可以说,西方哲学起始阶段就生存于"破裂的领域——双向度的领域之中"[2]。从古希腊和古罗马经中世纪到近代,哲学家们无论哲学体系和思想观点差异有多大,甚至对立到水火不容,归根结底无非是对于"本质"是什么持有不同见解而已,其认识论并无实质性的差别。直到20世纪现代哲学和后现代哲学兴起并对本质论形而上学进行反思与批判,本体论意义上的本

---

[1] 亚里士多德:《形而上学》,吴寿彭译,北京:商务印书馆1995年版,第56页。
[2] 赫伯特·马尔库塞:《单向度的人》,刘继译,上海:上海译文出版社2008年版,第101页。

质论才逐渐淡出，而认识论意义上的本质论却仍然潜伏于许多理论研究之中。

从本体论来说，本质论要解决的核心问题是世界万物统一于什么及其具体多样和变化无常的具体事象背后起支配作用的原因是什么；从认识论来看，本质论设定了认识的方向和路径是探寻世界万物的统一性并根据所确定的统一性解释具体多样和变化无常的具体事象的原因和原理。

由此可知，本质论的认识论具有以下特征：一是终极性。寻求与论证某一"超验世界"为本质，它具有绝对优先的第一性，为世界万物得以存在的"阿基米德支点"。二是推演性。本质为先定的原则或规定，从中出发演绎具体存在及世界的现在和未来。三是统一性。本质超越具体时间和语境，丰富多样的具体事物和不同时间、不同语境的事物最终统一于本质。

本质论来源于古希腊哲学家亚里士多德逻辑学的三段论四谓词论说。他说：所有命题和所有问题所表示的或是某个属，或是一特性，或是一偶性；因为种差具有类的属性，应与属处于相同序列，但是，既然在事物的特性中，有的表现本质，有的并不表现本质，那么，就可以把特性区分为上述的两个部分，把表现本质的那个部分称为定义，把剩下的部分按通常所用的术语叫作特性。根据上述，因此很明显，按现在的区分，一共出现有四个要素，即特性、定义、属和偶性。[1]

定义就是至今仍然常用的界定概念或语词的语句，其结构为"种差＋属"。其中，属是被定义项所归属的类。特性即本质特性，"本质特性被设定为与其他所有事物相关且又使一事物区别于其他所有事物

---

[1] 苗力田主编：《亚里士多德全集》第1卷，北京：中国人民大学出版社1990年版，第356页。

的东西;例如,能够获得知识的那种有死的动物就是人的本质特性。"¹本质属性不仅归属于事物,而且能够揭示事物的本质。偶性尽管也归属于事物,但不能揭示事物的本质。

偶性是指,它不是上述那些的任何一种,即既不是定义和特性,又不是属,但是也属于事物;并且,它可能属于也可能不属于同一的某个体,例如坐的姿势就可能属于也可能不属于同一的某物。白色也如此;因为没有什么东西能妨碍同一个事物在此时为白,在彼时为非白。²

由此,种即被定义项通过"种差+属"被定义,种差即定义项要揭示种的本质特性,并且本质特性是被定义项必然具有的。由此可知,"本质"所指为一事物之所以成为该事物的决定性因素,是"常存的""一直在那里"、始终不变的基质,变化的只有属性。亚氏的本质论保留着对现实世界的本质分析,被哲学界称为"古典本质论"。从20世纪早期至中后期,维特根斯坦(Ludwig Wittgenstein)、施太格缪勒(Wolfgang Stegmuller)、普特南(Hilary Whitehall Putnam)等分析哲学家们对亚氏的本质论进一步阐发,后来扩展到模态逻辑而创立了"现代本质论",对逻辑推理设定的脱离现实世界的可能世界情况进行语义分析,"认为在现实世界之外其他不同世界的存在也是可能的。只要一个命题是必然的,那么它便在所有可能世界都是真的,而一个可然命题只在某个可能世界是真的,一个不可能命题在任何可能世界都不是真的"。³可见,本质论是一种将命题和概念绝对化、在

---

1 苗力田主编:《亚里士多德全集》第1卷,北京:中国人民大学出版社1990年版,第400页。
2 苗力田主编:《亚里士多德全集》第1卷,北京:中国人民大学出版社1990年版,第358页。
3 毛崇杰:《本质主义与反本质主义》,载《杭州师范学院学报》(社会科学版)2003年第3期。

认识论、研究议题和方法创新：
论重建民族学

逻辑范围内进行封闭的循环推论并将其普遍化的认识论，具有僵化、封闭、独断的特征。

本质论对民族研究的影响深刻，阻碍了知识创新和方法创新。表现之一是民族的本质化。不少学者或有意识或无意识保有民族原生论的认知模式，漠视民族现象的时间性和语境性差异，简单地习惯性形成"以今推古"的思维方式，默认民族识别所确定的民族"自古以来"早就存在，其民族边界是清晰明确而恒定不变的。这一思维方式在民族史研究中体现得较为充分，其中在族别史研究中尤为突出。一些少数民族学者在组织本民族历史编纂过程中竞相追溯本民族的历史源头，形成民族的历史越久远越光荣意识，生拉硬扯、胡编乱造、张冠李戴者比比皆是。殊不知，民族群体边界随着时间、空间及其诸多条件的变化而不断迁移，绝大多数都经历过无数次的融合、分化、再融合、再分化的循环往复过程，并不存在从远古一直延续至今的民族共同体。

表现之二是理论研究的内卷化。理论在人文社会科学研究中处于宝塔尖或皇冠明珠的位置，既是此前学术研究成果的提升和结晶，又是之后引导研究方向的方向盘、激发思想创新的发动机、提供分析框架和研究方法的工具箱。然而，我国的民族理论研究具有此境界和作用者寥若晨星，其中许多研究罔顾民族的社会实践，设置某些命题或概念并将其本质化，援引掐头去尾的案例或任意剪裁经验事实作为类似于"小前提"，在封闭的逻辑脉络中推导出"可能世界"或个别判断普遍化的结论。此类研究无法有效地解释现实社会生活中的民族实践，也不可能生产出新知识和新思想，更无从提出关于民族的真问题，基本属于无效的学术生产，所产出的论著只有学术之形而无学术之实，坠入学术内卷化的陷阱而难以自拔，于新时代中国民族学知识体系构建难以有所贡献。

表现之三是实证研究的佐证化。近年来,民族学、社会学等学科围绕民族问题开展了大量运用田野调查和民族志撰写方法的质性研究、运用问卷调查和统计分析等方法进行的量化研究,积累了大量的资料和数据。然而,其中相当一部分是缺乏反思性地把前人或西方的某一理论命题设置为研究论题,围绕所设置的论题设计调查方案、实施调查与撰写论文,所得出的结论大都在重复前人或西方的理论,调查与收集的资料和数据无非为前人或西方某一理论提供了新的证据。前人或西方的理论犹如"黑洞",将所有资料和数据吸纳进去,没有留下新思想、新观点,甚至"白茫茫大地真干净",属于研究者的独立思考了无痕迹。

民族是人的社会生活的一种状态和社会关系的一种形式,而人是社会关系的总和,人在实践活动中"创造、生产人的社会联系、社会本质"。[1]作为由人结合而成的共同体,民族只有从本质论转向实践论,透过实践才能获得准确的把握和有效的解释。马克思多次批判用观念解释观念、用文本阐释文本的封闭循环的思辨方法,确认实践是认识发生、发展的基础和最终目的,态度鲜明地指出:"在思辨终止的地方,在现实生活面前,正是描述人们实践活动和实际发展过程的真正的实证科学开始的地方。"[2]民族研究只有摆脱本质论的藩篱,终止从观念到观念的思辨方式,确立实践论的思维进路,才有可能触及民族的真情况、真问题,并获得真知识、真思想。

以实践为出发点、验证依据和最终归宿,是实践论认知与研究民

---

[1]《马克思恩格斯全集》第42卷,北京:人民出版社1979年版,第24页。
[2]《马克思恩格斯选集》第1卷,北京:人民出版社1995年版,第73页。

族现象、民族问题的基本导向。实践论就是要"把感性世界理解为构成这一世界的个人的全部活生生的感性活动",[1]把对象"当作感性的人的活动,当作实践去理解"[2]。从实践出发,就是要摆脱绝对性、先在性、规定性命题的束缚,放弃非时间性和非语境性的民族本质的追求和以"可知的本质世界"为依据推论"可见的经验世界",需要直面民族的感性生活和现实问题。作为社会科学或者具有实证性的人文学科,民族研究必须遵循"从实求知"的原则,深入到当下社会生活之中,感受、体验与参与观察研究对象的日常生活,从中发现具有价值的问题。实践论的认识论以主观见诸客观的实践作为知识生产的基石,就是要为认知民族铺平主观与客观的鸿沟,运用可靠的研究方法尽可能完整和准确地获得有关研究对象的资料和数据等信息,并通过"已然"信息尽可能完整而准确地获得严谨细密的分析工具,并运用其得出能够验证与重复的研究成果。这样的研究才可能产出真实有效的知识和思想,才可能获得科学的信度和社会的信誉,也才可能有效地转化为社会实践,指导民族政策的制定和民族工作的实施。

## 三、从实在主义转向关系主义

受西方自然科学特别是实验科学认识论和苏联民族理论的影响,加之民族学和人类学学科的起源与现代之前的理论方法与实证主义存在密切关联,我国的民族研究存在着明显的实在主义认识论成分,把民族设定为一种实体性的存在。

---

[1]《马克思恩格斯选集》第1卷,北京:人民出版社1995年版,第78页。
[2]《马克思恩格斯选集》第1卷,北京:人民出版社1995年版,第54页。

## 第四章
### 民族研究认识论转向与民族学知识体系重构

实在主义（realist）在西方思想史中占有重要地位。早在古希腊，实在主义的本体论和认识论不仅被多位思想家所研究，而且还形成了不同的观点和路径，开启了延续至今的西方思想史的一个论争议题。德谟克利特（Democritus）等把实在理解为物质之物，柏拉图（Plato）等则把实在理解为精神之物。至中世纪，经院哲学在讨论共相与殊相关系时对实在主义进行了争论，唯名论认为殊相为实在之物，唯实论坚持共相是实在之物。到了近代，笛卡儿（René Descartes）、斯宾诺莎（Baruch de Spinoza）、莱布尼茨（Gottfried Wilhelm Leibniz）、黑格尔（Georg Wilhelm Friedrich Hegel）等大陆理性主义者认定理性或观念为实在之物，洛克（John Locke）、巴克莱（George Berkeley）、休谟（David Hume）等英国经验主义者认定物质实体为实在之物。尽管实在主义者所认定的实在之物不一致、理论观点差异巨大甚至尖锐对立，但其认识论却具有明显的共同性，就是设置一个完全依赖自身而存在的绝对独立的实在，这一实在是绝对无条件的、普遍存在的统一体，具有客观实在性，作为认识对象独立于认识过程，与人的认知、意识、活动及其环境条件无关，只能被人所发现而不能为人所改变，在质上和量上具有确定不变的恒定性。

中国学术界许多人接受与吸纳了实在论的学术范式和认知模式，加之缺乏深入的反思意识，实在主义的认识论被无意识地延续下来，在民族研究领域甚至占据着一定的主导地位。其表现主要有：一是民族的实在化，设定民族为独立于主体性的客观存在的实在。曾经被奉为绝对真理的关于具有共同语言、共同地域、共同经济生活和共同心理素质的"四个共同"的民族定义，体现了视民族为客观存在的实体的认识论，在相当长的时间内规训了中国的民族研究者，致使许多研究忽视与否认"我群"和"他群"的主体性在民族产生与演变过程中的意义和作用，设定民族及其成员的价值选择和身份认同无关，与民族识别者的理论观念和认知方式也无关，只要拥有某民族的血缘或语言等文化特征就必须归属于民族。二是民族的均质化，设定民族为普遍存在的统一体。许多民族研究视民族为均质化的统一整体，认为民族成员均质享有文化符号和持有相同的观念意识，忽视民族成员之间和不同地域之间的价值取向、权力关系、思想观念等的差异性。视民族为统一整体的实在主义认识论，难以解释田野调查所遭遇的经验事实，并引导民族政策的制定和民族工作的思路走向歧路。三是文化的族别化。无视文化的传播特性和共享事实，或有意或无意地以族别为单位划分文化事项的归属，致使原本区域共享和若干民族共享的文化，排他性地为某一民族所抢注。实在主义认识论体现在非物质文化遗产名录的认定上，更是"民族＋非物质文化遗产事项"的命名模式。于是，区域诸民族所共享的某一民俗事项，因已被其中一民族申报成为政府认定的名录，其他民族不得不对同一文化事项重新编造一个名称加上自己民族名另行申报，结果是同一文化事项被赋予不同的"民族＋非物质文化遗产事项"格式名称。四是研究路径的原子化，大量采用分析民族基本构成单元的"还原论"（reductionism）路径。因设定民族为客观存在的实在，故研究者确信，调查研究清楚民族构成的基本单元，就能获得关于民族的真理性认识。犹如现代科学坚信，认清人体的结构和器官的功能就认清了人，认清宇宙的基本构成单元基本粒子、场等就认清了宇宙。于是，大量的民族调查报告和民族志仍满足于描述与解释研究对象的环境、生计、生活、语言、信仰、组织等构成要素，认定把构成要素罗列出来就能够把民族还原出来；汗牛充栋的研究聚焦于各民族群体的细碎的文化事项，认定把民族的文化构成要素解释清楚就解释清楚了民族本身。

由此，民族研究若欲产生解释民族的可信知识和贡献解决民族问题的有效方案，必须摆脱实在主义的思维惯性，建立关系主义的认知模式。

马克思是最早从实在主义转向关系主义的重要思想家。青年时代，马克思接受了黑格尔的观念实在即自我意识认识论，用以批判神学的上帝实在；继而转向费尔巴哈（Ludwig Andreas Feuerbach）的感性实在即自然的人，用以批判黑格尔的观念实在。到1845年前后，马克思开始走出西方传统哲学的实在主义窠臼。他在《1844年经济学哲学手稿》中指出：孤零零地独立存在着的，既不是对象又没有对象的存在物，"是一种非现实的、非感性的、只是思想上的即只是想象出来的存在物，是抽象的东西"[1]，透露出从实在主义向关系主义转向的信息。之后，在《关于费尔巴哈的提纲》和《德意志意识形态》中，他从包括生产关系和交往关系在内的社会关系的角度阐述实践理论，彻底摆脱实在主义的束缚，建立起关系主义的认识论，在其晚年的《资本论》中，以关系主义的认识论为基础建立起宏大的政治经济学理论体系。

进入20世纪以后，爱因斯坦的相对论、海森堡的测不准定律等一系列的科学发现，不断揭示出实在主义认识论的谬误而证实了关系主义认识论的科学性。著名的物理学家石里克（Moritz Schlicklisten）指出"处于今天物理学中心的不再是有广延的'实体'的概念，而

---

[1]《1844年经济学哲学手稿》，载《马克思恩格斯全集》，北京：人民出版社2002年版，第325页。

是更一般的时空过程的概念"[1]之后,关系主义逐渐成为主流,成为诸多社会理论和族群理论构建的认识论基础,如吉登斯(Anthony Giddens)的结构化理论、布迪厄(Pierre Bourdieu)的实践论理论、利奇(Edmund Leach)的族群函数论、巴斯(Thomas Fredrik Weybye Barth)的族群边界论等。

在关系主义的视阈里,任何事物都存在于特定的过程和相互作用的关系之中,对象无非是处于关系网上的"纽结",其性质只有在关系之中才能呈现,关系的变动改变着事物的性质。

从关系主义的认识论出发,任何民族都是关系中的民族,都产生于历史和现实、内部与外部、主观与客观、宏观与微观、自然与社会等相互交织与相互作用的多维关系之中。

首先是问题的语境化。民族研究的基本问题:"什么是民族""什么是民族问题"等转化为"何时为民族""何时为民族问题"等关系主义的问题,从其内部构造系统、外部社会系统甚至全球系统中进行把握,把民族置于其内外关系及国内外关系的关系系统中识别。民族和民族问题会随着内部和外部诸多关系的变化及其相互关系的变动而产生或强或弱、或明显或隐蔽的变化,诸如资源价值的增大、民族主义观念的传入、国内外力量的介入、精英人物与其他人的互动等关系,都会引起民族和民族问题的产生、消解或强化。因此,只有把民族研究的问题或论题语境化,把问题置于具体的时间和空间之中,置于区域、国家甚至全球的语境之中,才能发现真问题,寻找到有效的问题破解进路。

其次是视域的全景化。民族现象存在于民族内部关系、民族与环

---

[1] 转引自洪谦主编:《逻辑经验主义》(下卷),北京:商务印书馆1984年版,第432页。

境、"我族"与"他族"、民族与国家、境内与境外等多重复杂关系之中，仅就民族内部而言，就存在着民族内部的个体与个体和个体与整体、精英与普通民众、区域与区域或支系与支系等诸多复杂关系。其中，在民族国家背景下，各民族或族群与国族、中国各民族与中华民族共同体之间的关系，成为民族研究不可忽视的关键性关系。整体观原本是民族学和人类学的重要学科理念，然而只将其作为审视研究对象特别是小群体和社区的文化系统的认识原则，就限制了其认识论的重要意义，因此，传统的整体观需要扩大视域并赋予新的内涵，特别是在国家化和全球化背景下，所谓的整体首先是特定区域的整体，继而是国家的整体，最后到全球的整体。这样的整体观才能让民族研究摆脱"见木不见林"的局限，展现出更完整的认知维度、更准确的信息和更清晰的脉络。

最后是主客观的融合性。任何社会事实都是整体性的事实，都是主观见之客观、主观与客观交互作用的结果，都蕴含着相关群体和个人的主体性、价值和意义。作为具有特殊性的社会事实，民族包含了复杂而深刻的社会意识，甚至可以说，倘若没有结群的主观动机、群体边界意识、民族认同和文化认同、维护"我群"权益和尊严等主观意识，就不可能产生民族和民族问题。族群认同、想象的共同体、族性（ethnicity）等理论，都意识到主体性和社会意识对于在民族这一特殊的社会事实形成中的作用。因此，必须解构"主客二分"的实体主义认识论，消弭主观与客观的绝对区隔，视民族事实为蕴含着复杂深刻的主体性、价值、意义的对象，方能寻找到民族问题破解的有效路径。

综上所述，阻碍中国民族学知识创新的深层根源在于初民社会范式、本质论和实在主义认识论。只有摆脱僵化的认识论的束缚，转向更能够准确全面把握对象和更能洞察问题关键的复杂社会范式、实践论和关系主义，中国民族学的知识体系创新才有可能。

# 第五章
# 全球化及其人类学论题

作为伴随着欧洲海外扩张而出现的学科,人类学从诞生时起就与全球化存在着或强或弱、或直接或间接的联系,然而,直到20世纪80年代后期和90年代,全球化才受到众多人类学家的关注而成为调查研究的重要论题。

本文拟阐述人类学与全球化之间的关联的视角,解释全球化的过程和问题,并讨论在全球化时代人类学所面对的跨国移民、跨文化交流、生态环境等问题。

## 一、全球化及其后果

所谓全球化(globalization),就是指人群、物品、资本、技术、信息、符号、观念等在世界范围内大规模和高速度的流动所形成的不同社会文化之间的密切联系与频繁互动。

认识论、研究议题和方法创新:
论重建民族学

人是流动的动物。尽管人类的不同群体之间的接触和不同社会文化的交流互动古已有之,然而,只有当机械化大工业生产扩张到本国和近距离的生产原料、商品市场和劳动力不足以满足其需要而提出从更远的地区获取的时候,并同时具备相应的交通技术时,人群、经济要素、生活方式和价值观念的大规模、高速度、远距离的流动才能实现,也才有真正意义上的全球化。

诚如马克思和恩格斯在《共产党宣言》中所指出的那样:"资产阶级,由于开拓了世界市场,使一切国家的生产和消费都成为世界性的了。不管反对派怎样惋惜,资产阶级还是挖掉了工业脚下的民族基础。古老的民族工业被消灭了,并且每天都还在被消灭。它们被新的工业排挤掉了,新的工业的建立已经成为一切文明民族的生命攸关的问题;这些工业所加工的,已经不是本地的原料,而是来自极其遥远的地区的原料;它们的产品不仅供本国消费,而且同时供世界各地消费。旧的、靠国产品来满足的需要,被新的、要靠极其遥远的国家和地带的产品来满足的需要所代替了。过去那种地方的和民族的自给自足和闭关自守状态,被各民族的各方面的互相往来和各方面的互相依赖所代替了。物质的生产是如此,精神的生产也是如此。各民族的精神产品成了公共的财产。民族的片面性和局限性日益成为不可能,于是由许多种民族的和地方的文学所形成了一种世界的文学。"[1] 可见,全球化是以资本主义机械化大生产为基础、以远距离的运输为前提、在世界范围配置资源的经济活动,并形成超越地域、民族和国家领土边界的物质生产和精神生产方式。

---

[1] 马克思、恩格斯:《共产党宣言》,载《马克思恩格斯选集》,北京:人民出版社1975年版,第254页。

## 第五章
## 全球化及其人类学论题

全球化催生了人类学学科。一方面，迥然相异于西方的非西方的社会文化多样性唤起了欧洲学术界了解与探求非西方社会的求知欲和研究兴趣。"英国在19世纪探险、海外贸易和殖民扩张中的角色不可避免地导致了学术界和公众对更加放眼全球的各种知识与日俱增的兴趣和好奇。"[1]另一方面，殖民者对于殖民地的管理向学术界提出了系统研究殖民地族群、社会文化的需要。"人类学正愈来愈要求被看成是这样一门研究，即是关于对落后民族的治理和教育有直接实际价值的研究。对这个要求的认识是最近大英帝国人类学发展的主要原因。"[2]学者的内在学术兴趣和社会的外在实务需求促成了人类学的形成。

全球化带来的机械化大生产的扩散和世界市场体系，致使其所波及范围内人群的生活轨迹、物质生活和精神生活等发生急剧的变化。

早在30年代末、40年代初，费孝通的《江村经济——中国农民的生活》和林耀华的《金翼——中国家族制度的社会学研究》两部民族志分别调查研究了长江下游和闽江中游的农村经济和农民生活的变迁，但都呈现出全球化对中国乡村经济的巨大影响。

《江村经济——中国农民的生活》描述与分析了开弦弓村的家庭、财产和继承、亲属关系、户与村的关系、职业分层、农户的日常生活和消费、土地的占有、农业、蚕丝业、养殖业、贸易、资金等各个领域及其受到机器工业、国际市场和金融业的巨大冲击，导致农村家庭手工业的衰落。"在这个村里，当前经济萧条的直接原因是家庭手工业的衰落。经济萧条并非由于产品的质量低劣或数量下降。如果农民

---

[1] [美]西德尔·西尔弗曼：《美国的人类学》，载[挪威]弗雷德里克·巴特等：《人类学的四大传统——英国、德国、法国和美国的人类学》，高丙中等译，北京：商务印书馆2008年版，第7页。

[2] 拉德克利夫-布朗：《社会人类学方法》，夏建中译，北京：华夏出版社2002年版，第36页。

生产同等品质和同样数量的蚕丝,他们却不能从市场得到同过去等量的钱币。萧条的原因在于乡村工业和世界市场之间的关系问题。蚕丝价格的降低是由于生产和需求之间缺乏调节。"[1] 现代金融业在中国的兴起吸纳了农村资金,而农村资金的紧缺促使高利贷盛行,极大地增加了手工业的生产成本。"目前,由于地盘没有保证,已经出现一种倾向,即城市资本流向对外通商口岸,而不流入农村,上海的投机企业危机反复发生就说明了这一点。农村地区资金缺乏,促进城镇高利贷发展。农村经济越萧条,资金便越缺乏,高利贷亦越活跃——一个恶性循环耗尽了农村的血汗。"[2] 在全球化冲击下的中国农村经济危机如何破解?费先生从人类学的视角做出了非常睿智的预判:"不会是西方世界的复制品或者传统的复旧,其结果如何,将取决于人民如何去解决他们自己的问题。"[3]

《金翼——中国宗族制度的社会学研究》叙述了闽江中游农村黄东林和张芬洲两个家族的兴衰历史。西方的机械化航运传播到福建,应用于闽江流域航运之时,两个家族都曾卷入其中,介入了汽船的经营。"早先帆船从镇里到沿海的福州市顺流而下需用三四天的时间,返程则整整一星期。现在汽船只用一天或不到两天的时间,即完成这个码头市镇与省城之间的单向航程。新技术使交通和通信的时间都缩短了,这不仅意味着商品周转的加快,而且使各种消息和商业信息的

---

[1] 费孝通:《江村经济——中国农民的生活》,戴可景译,北京:商务印书馆2001年版,第236页。
[2] 费孝通:《江村经济——中国农民的生活》,戴可景译,北京:商务印书馆2001年版,第236页。
[3] 费孝通:《江村经济——中国农民的生活》,戴可景译,北京:商务印书馆2001年版,第20—21页。

传递也更为迅速了。"¹张芬洲的儿子茂衡与合伙经营汽船的股东不和而濒临破产,从此家业衰落,生活境况惨淡。反之,黄家的汽船经营却做得红红火火,与船主合伙组建公司,而且汽船运输的方便快捷、成本降低使其原来经营的稻米、盐、鱼生意更加兴隆,家业登上新的台阶。然而,1931年7月7日,以卢沟桥事件为标志的日本全面侵华战争改变了中国人的正常生活秩序。"日本飞机灭绝人性地狂轰滥炸,在很多城市杀戮无辜的居民。福州也不例外。死亡每时每刻都会降临,财富将毁于一旦,社会秩序也到了崩溃边缘。轰炸和封锁迫使人们移居内地。黄家也迁回到老家巩县村。东林又重新居住在很久之前他兴建的金翼之家。他把店铺留给四哥,而生意收缩到如同刚刚开业时的很小的规模。福州和内地之间的运输时常停顿,轮船也被毁坏了,公司的股东们推动了他们所有的资本。"²黄东林及其后人奋斗了几十年创造的兴旺发达的贸易和运输业,骤然间回落到起步时期的状况,"他仍然像年轻时一样拿着锄头又干起来。几个孙子在他身边,跟他学种地"³。可以说,全球化所带来的技术革命、市场经济和民族战争成为决定张、黄两家命运转折的关键因素。

费孝通和林耀华非常敏锐地捕捉到20世纪早期中国社会变迁的核心问题并做出具有洞察力的解释和判断,但在这两部民族志中,全球化仅仅作为影响研究对象的背景而没有成为研究的对象和中心内容。

---

1 林耀华:《金翼》,庄孔韶、林宗成译,北京:生活·读书·新知三联书店1989年版,第119页。

2 林耀华:《金翼》,庄孔韶、林宗成译,北京:生活·读书·新知三联书店1989年版,第205页。

3 林耀华:《金翼》,庄孔韶、林宗成译,北京:生活·读书·新知三联书店1989年版,第206页。

认识论、研究议题和方法创新：
论重建民族学

直到20世纪后期，在信息技术的推动下，全球化的深度和广度达到前所未有的新高度，所谓"地球村"成为人们随时随地感受得到的生活经验。至此，人类学才真正把全球化作为研究的中心议题，"1980年代后期和1990年代最引人瞩目的趋势之一便是对全球化和跨国进程的关注在不断增加。"[1]

全球化已成为当下人类生活的常态，几乎涵盖日常生活的各个方面而不易准确把握，美国人类学家阿君·阿帕度莱（Arjun Appadurai）的"全球文化景观"理论关于全球文化流动的五种"景观"即五个分析维度提供了较为明确的路径[2]。

一是"族群景观"（ethnoscape）。全球流动，首先是人的"非领土化"的流动。在全球化过程中，越来越多的个体和群体在"异国憧憬"和"幸福欲望"的幻想驱动下离开故土而迁徙到异国他乡，致使在世界各地随处可见旅行者、移民、难民、流亡人员、外籍劳工等与当地族群相异的人群，构成了多族群的地理景观。相对稳定的共同体或由亲族、友谊、工作、休闲、家世、邻居等亲缘形式所构成的社会网络经线与其流动的纬线交织在一起，形成了全球化的人的地理景观。

二是"科技景观"（techoscape）。在全球化时代，包括科技人员、科技成果和科技产品在内的科技资源进行着"非领土化"的配置，导致科技的全球流动，构造了参差不齐的世界科技分布景观，并在许多重要领域产生了文化流的意义。

---

[1] 西德尔·西尔弗曼：《美国的人类学》，载弗雷德里克·巴特、安德烈·金格里希、罗伯特·帕金、西德尔·西尔弗曼：《人类学的四大传统——英国、德国、法国和美国的人类学》，王晓燕等译，北京：商务印书馆2008年版，第409—411页。
[2] 阿君·阿帕度莱：《消失的现代性——全球化的文化向度》，邓义恺译，台北：群学出版有限公司2009年版，第37—92页。

三是"金融景观"(finanscape)。国际化的货币市场、证券交易和商品投机的发展,使得资本的配置越来越"非领土化",大量资金快速而盲目地在不同国家穿越,以至于细微差异的操作都会产生难以估量的结果,极大增加了资本失控的可能性和全球性金融风险。

四是"媒体景观"(mediascape)。随着信息技术、网络技术的不断发展,媒体的信息生产能力、跨国传播的能力和速度呈爆炸式上升,构造着世界的形象和想象的生活,通过符号操纵着人们对世界的想象,制定全球消费秩序,人们经由媒体既消费着自己的想象也消费着来自远方的"他者"的想象。这种想象的生活已经构成人类共同的"生存隐喻"。

五是"意识形态景观"(ideoscape)。政治行动者将维护其合法性或持续性的基本概念,如民主、自由、人权、主权、法制等借助媒体传播到全世界,而世界各地根据自身的社会文化逻辑建构起自己的政治文化。意识形态的跨国流动形成的全球政治生活的关键议题是:同一概念在不同的语境中获得了不同的解释和同一语境如何确定相同的约定性。

## 二、全球化与民族国家

全球化的过程实质上就是跨越民族国家边界的过程,也就是理论家们所说的"非领土化"(deterritorialization)。全球化的基点在于突破或超越以民族国家的领土边界为范围的市场体系以及法律政治和社会文化,由此,便形成了全球化与民族国家之间既相互对立又相互依存的关系。

认识论、研究议题和方法创新：
论重建民族学

民族国家与全球化是"孪生兄弟"，都是欧洲资本主义发展的产物，其所指为肇始于欧洲15世纪中期摆脱中世纪的教权控制而诞生的具有独立主权的现代国家。1618年，罗马天主教与新教之间的剧烈冲突导致西欧爆发了宗教战争。1648年10月24日，神圣罗马帝国皇帝与欧洲的王国、诸侯、自由城市等签订的《威斯特伐利亚条约》等一系列和约，不仅结束了持续30年之久的宗教战争，确定了各国的领土边界，而且确立了国家独立、国家主权和国家领土的国际准则，标志着民族国家即现代国家的开始。恩格斯指出："日益明显日益自觉地建立民族国家的趋向是中世纪进步的最重要杠杆之一。"[1]

民族国家与全球化相生相克。民族国家的形成为资本主义市场经济的发展提供了资源和保障。民族国家为其领土范围内的生产资料、生产工具、劳动力和资本的有效配置和生产、交换、分配的顺利运行，提供了法律依据、社会秩序、暴力工具和控制机构，并"画地为牢"似地将领土范围之外的介入设立了森严的壁垒，从而为资本主义在本国范围内的孕育和发展创造了有利条件。然而，民族国家领土范围内的经济要素不能满足机器大生产发展到一定程度所提出的生产资料、劳动力、市场和资本投资等需要时，以突破民族国家边界为前提的全球化就成为不可遏止的洪流。至20世纪初期，欧洲殖民主义将世界版图几乎瓜分完毕，而其结果却导致了两次世界大战的爆发及其后世界各地民族主义运动的勃然兴起和创建民族国家的浪潮，最终瓦解了持续近四个世纪的西方殖民主义体系。摆脱了殖民统治而建立起的民族国家，为了国家的富强和国民的福祉，又纷纷放弃闭关锁国的治理

---

[1] 恩格斯：《论封建制度的瓦解和民族国家的产生》，载《马克思恩格斯全集》（第21卷），北京：人民出版社2003年版，第452页。

# 第五章
## 全球化及其人类学论题

理念和自我解构自给自足的生计模式,转而选择市场经济体制和融入全球经济体系的策略。否则,只有承受经济贫困、发展落后和政治边缘化。正是在这种相生相克、相反相成的过程中,民族国家的含义、形式和治理逐渐转换与更新,全球化的模式不断创新和程度趋于深化。

全球化促使分布于不同国家的移民、社区、民间组织、公司及政府机构之间进行频繁而持续性的联系和共同性的活动,从而形成跨越民族国家的地理空间、政治空间和文化空间的社会场域、社会网络和互动模式,也就是所谓"跨国主义"(transnationalism)。英国牛津大学人类学教授维托维克(Steven Vertovec)认为,跨国主义泛指"将人们或者机构跨越国界地联系在一起的纽带和互动关系"[1]。跨国主义研究一般围绕着跨国实践、跨国社会空间和跨国认同。跨国实践(transnational practices)指各种跨国主义的行为和活动。按照行为发生的领域划分,可以分为政治的、经济的以及社会文化等跨国实践类型;按照行为主体的制度层级划分,可以分为个体的、社区的、地方或国家政府以及跨国公司等跨国实践类型。人类学一般更关注以草根现象为主的底层跨国实践。跨国实践衍生出了跨国社会空间(transnational social space)。信息技术的快速发展突破了物质性的空间距离和国家边界对于跨国交流互动的阻隔,而全球化推进所产生的频繁密切的跨国实践的需要摆脱了传统社会空间所依托的地理空间和国家边界的束缚,虚拟性的网络空间逐渐替代了物质性的地理空间,建构起新的具有象征意义的跨国社会空间。如海外华人新移民通过互动工具和社交平台"博客"建构起跨国社会空间,及时而全面地获得

---

[1] Steven Vertovec, Conceiving and researching transnationalism, *Ethnic and Racial Studies*, Vol.22, No. 2, 1999.

### 认识论、研究议题和方法创新：
### 论重建民族学

中国的信息、了解中国人的思维和心态的变迁，与原住地的原有社会关系保持着密切的联系，有时甚至参与了原住地的发展进程[1]。而通过跨国社会空间，移民及其他跨国实践主体与居住国之外的国家的个体、群体或机构保持密切的关系，从中获得情感、思想和经济等各个方面的支持。在两个或两个以上的国家的跨国行动者共时嵌入的过程中，身份归属逐渐出现脱离地域、国家和族群的限定，出现由一元向二元甚至多元的混杂性和碎片化以及相互对立、冲突的状态，由此形成"非领土化"的"跨国认同"（transnational identity）的问题。

在民族国家的创建过程中，民族的形成与国家的创立之间存在着密切的相关关系。尽管各国的具体情况不完全相同，在时间顺序上存在着民族形成在前、国家成立在后和国家成立在前、民族形成在后两种情形，在因果关系上存在着民族建设国家和国家缔造民族两种类型，然而，从总体上看，它是民族的形成与国家的创立齐头并进、相互建构、相互依存的过程和统一的形态。正因为如此，在这一过程中形成的国家被称为民族国家。

在民族国家的创建结果中，民族与国家之间的关系复杂多样。民族与国家的组合大体可分为如下三种类型：一族一国，即单一民族国家；多族一国，即多民族国家；一族多国，如俄罗斯族等。单一民族国家基本属于理想型国家，其实现的现实性较低，因而数量极为有限，如日本等，且并非严格意义上的一族一国。民族国家建构的实际结果却是世界上绝大多数国家均为多民族国家，致使多族一国成为民族与国家关系的基本状态，由此形成了在一个国家之内存在着人口绝对数量占

---

[1] 周兆呈：《新空间 新网络 新角色——博客对海外新移民与中国互动的影响》，载《华侨华人历史研究》2007年第4期。

## 第五章
## 全球化及其人类学论题

多数的民族和人口绝对数量不占多数的少数民族、主体民族与非主体民族的区别。因此，在民族国家的统一形态之中，民族与国家不可避免地存在着一定的张力，获得民族国家的主体民族地位和统治权力的统治集团利用媒体等各种手段努力建构全体国民的共同体意识以维护国家的完整统一，而对自己的生存现状不满意的非主体民族或族群则通过媒体强调自身文化的特殊性与散布民族主义甚至民族分离主义以谋求独立建国，民族主义在一定程度上是全球化时代的意识形态景观。

"想象的共同体"，美国人类学家和政治学家本尼迪克特·安德森（Benedict Anderson）对"民族"的这一著名论断已广为流传。他说："为什么……民族会变得这么受欢迎呢？这明显地涉及了复杂而多样的因素，然而我们可以坚定地主张资本主义是其中重要的因素。"[1] 而书籍、报纸等的机械化大规模印刷和媒体的发展则是"想象的共同体"的建构力量。事实上，传播速率更高、受众面更广的广播、电视、影像带、互联网等媒体出现之后，世界各国的政府及其少数族群利用新兴媒体建构民族共同体的样式更加丰富多样。

一些人类学的媒体研究表明，许多国家的政府主导着媒体网络的生成与运行[2]，而从媒体的发展状况及其传播内容的变化，直接折射出国家意识形态和媒体政策的变化[3]。还有一些国家的政府通过媒体专业人士向其他国家输出其意识形态，如英国广播公司在英国专业技术基

---

[1] 本尼迪克特·安德森：《想象的共同体——民族主义的起源与散布》，吴叡人译，上海：上海人民出版社2003年版，第46页。

[2] 周永明著：《中国网络政治的历史考察：电报与清末时政》，尹松波、石琳译，北京：商务印书馆2013年版。呈现了中国晚清政府对电报的态度和策略。

[3] 杨美惠：《上海大众传媒与跨国主体性》，载费·金斯伯格、里拉·阿布-卢赫德、布莱恩·拉金编：《媒体世界：人类学的新领域》，丁惠民译，北京：商务印书馆2015年版，第253—284页。

认识论、研究议题和方法创新：
论重建民族学

金会资助下派出一批经过英国现实主义戏剧类型训练的专家到从苏联解体出来的哈萨克斯坦去培训编剧，隐含着"将资本主义传授给共产党人"的政治意图[1]。美国威斯康星大学人类学教授周永明的《作为历史的在线政治：中国的电报、互联网和政治参与》[2]通过叙述中国晚清以来电报、报纸和互联网传入中国的过程，呈现了晚清以来中国政府的媒体政策、民族主义动员、社会各阶层政治参与等的政治生态，梳理出源于西方的传媒技术传播到中国后在具体的历史背景中所形成的技术与社会之间、新技术的应用与政治结果之间的复杂关系，揭示出技术决定论的谬误。

  人类学的媒体研究还表明，自20世纪末期以来，许多国家的族裔性、宗教性或地域性的群体开始将其文化媒体化和客体化进行身份认同的动员。如美国人类学家路易莎·施恩（Louisa Schein）研究越南战争结束后一些苗族去到了美国，他们发展出自己的流行音乐和录像产业，利用这些媒体形成了族群的记忆和欲望，创造出一个族群共同体[3]。有的群体利用媒体记录传统仪式以推动文化复兴，有的群体将录像、电影及媒体事件作为政治主权申诉的依据或政治抗争的工具，有的群体努力将体现其文化的录像在国家的电视频道播映以维护其在

---

[1] 露丝·曼德尔：《心灵的马歇尔计划》，载费·金斯伯格、里拉·阿布－卢赫德、布莱恩·拉金编：《媒体世界：人类学的新领域》，丁惠民译，北京：商务印书馆2015年版，第285—312页。

[2] Zhou yongming. *Historicizing, Online Politics: Telegraphy, the Internet, and Political Participation in China*, Board of Trustees of the Leland Stanford Junior University, 2006. 北京：商务印书馆2013年出版了以《中国网络政治的历史考察：电报与清末时政》为名的中译本，但只译出原书的导言和前五章。

[3] 路易莎·施恩：《流散空间中苗族媒介的位置绘制》，载费·金斯伯格、里拉·阿布－卢赫德、布莱恩·拉金编：《媒体世界：人类学的新领域》，丁惠民译，北京：商务印书馆2015年版，第313—340页。

国家体制中的存在等。

## 三、全球化与文化多样性

全球化是一种实践，因而尽管流动的经济要素、技术、信息、体制机制乃至文化产品和价值观念具有西方的意义或普遍化的倾向，但在世界各地都以其具体的地方性社会文化语境中实现即"地方化"（indigenization），从而形成全球化与地方化交互的实践活动和文化景观，也就是所谓"全球化的地方化"和"地方性的全球化"。

文化多样性是人类社会的基本特征，世界各地和人类各个群体在其特殊的自然和社会生境中及漫长的历史长河中形成了自己独特的语言、信仰、生活方式、共享意义和价值观念。多样性的文化，是人类社会在漫长的历史和复杂的生境中积累而成的宝贵财富，也是人类社会未来可持续发展不可或缺的动力来源。文化多样性能够促进经济有效增长，实现个人和群体享有更加令人满意的智力、情感和道德精神生活，激发起人们永不枯竭的创造激情和灵感，并为进行文化反思或"文化批评"提供不可或缺的参照。因此，文化多样性对人类犹如生物多样性对维持生态平衡一样必不可少。

然而，以统一性为主导的全球化和以差异性为基础的文化多样性之间存在着一定的张力。费孝通曾说："现在的困难是，在一个统一的世界市场、一个统一的经济环境中，要求有一个共同的道德规范、共同的价值标准，因此，所有文化都面临一个转型的问题，它们都要无条件地交出自己的历史和传统，这在感情上是很难做到的，从客观规律上来看，也很难说是正确的。所以，人类遇到了一个进退两难的尴尬境地。"[1] 发轫于西方的科学技术、市场体制和经济理性凭借其在经济、政治和文化等各个领域的霸权向全球扩散,"西方化"或"美国化"的文化符号传播到世界各地,改变了非西方世界的文化生态,致使全球化影响所到之处不可避免地发生文化变迁,许多地域性和族群性的文化濒于消亡。

人类的文化多样性正面临着前所未有的严峻挑战,这是当下有目共睹的事实,由此,保护文化多样性的呼声越来越高,转化为许多国家的政策、各种群体和团体的行动,并纳入国际社会的重要议事日程,联合国教科文组织于2001年11月通过了《世界文化多样性宣言》,又于2005年10月通过了《保护和促进文化表现形式多样性公约》,认为捍卫与保护文化多样性与尊重人的尊严密切相关,要求各国从当代人和子孙后代的利益考虑承认与肯定文化多样性。

保护文化多样性,不能简单地等同于固守"传统"或"复古",不是要人们完全延续原有的生活方式和意义体系。文化不是静止不动的死潭,而是生生不息的绵延过程,是奔流不息的河流,在历史的长河中"海纳百川"与汇聚涓涓溪流以实现"川流不息"和吐故纳新,随河床的宽窄与曲直而"随物赋形"地不断改变自我以适应环境和奔腾向前。任何地域和任何民族的文化,都是在流动的历史时间长河中和适应各时期社会文化过程中不断创造的结晶,既包含着继承历史的传统内容,也包含着适应各个历史时期的自然环境和社会环境以及吸纳其他民族或地域文化而再创造的内容。与当下社会文化环境相隔绝的文化,是没有生命力的,因而是难以存续的。诚如德国哲学家汉斯·加达默尔(Hans-Georg Gadamer)所指出的:"每一时代都按

---

[1] 费孝通:《费孝通九十新语》,重庆:重庆出版社2005年版,第145页。

照它自己的方式来理解历史流传下来的本文化,因为本文化是属于传统的一部分,而每一时代则是对这整个传统有一种实际的兴趣,并试图在这传统中理解自身。"[1]因此,应当破除静止的或僵死的文化观,确立过程的、变化的动态文化观。

保护文化多样性,必须确立"文化自觉"的理念、态度和行动。第一,要深入认知与反思自己的文化。费孝通指出:"文化自觉只是指生活在一定文化中的人对其文化有'自知之明',明白它的来历,形成过程,所具的特色和它发展的趋向……自知之明是为了加强对文化转型的自主能力,取得决定适应新环境、新时代的文化选择的自主地位。"[2]只有做到对自己文化的"自知其明",才能清楚保护什么和传承什么,也才有可能在继承之中更新创造。第二,要公正地理解其他文化。在全球化条件上,任何一种文化都难以完全隔绝于其他文化而自我封闭存续与发展,文化之间不可避免地发生接触、交流与互渗。只有以尊重和宽容的态度去理解"异文化",才能真正认识本文化,确立本文化在世界文化中的位置和价值,也才有可能吸收"异文化"之长以补本文化之短。第三,建立文化之间的对话机制和共处合作机制,也就是费孝通先生设想的"共同建立一个有共同认可的基本秩序和一套各种文化能和平共处,各抒所长,联手发展的共处守则"[3]。第四,发展中国家要重视文化多样性传承保护的法制建设、政策扶持和资源投入,培育具有竞争力的民族文化产业。第五,加强国际合作与国际团结,以消除文化物品交流与交换过程存在的失衡现象,增强文化多样

---

1 [德]汉斯·加达默尔:《真理与方法》(上册),洪汉鼎译,上海:上海译文出版社1992年版,第380页。
2 费孝通:《反思·对话·文化自觉》,载《北京大学学报》(哲学社会科学版)1997年第3期。
3 费孝通:《反思·对话·文化自觉》,载《北京大学学报》(哲学社会科学版)1997年第3期。

性在世界范围内的传播能力。第六，发挥现代信息技术和网络技术的作用，增强非主体文化的传播能力和受众范围，培育热爱与传承文化多样性的年轻群体。

总之，协调全球化与文化多样性之间的关系，是关系当今世界和平的重大问题。费孝通先生从全球视野出发，运用中国智慧提出的"各美其美，美人之美，美美与共，天下大同"的"十六字箴言"，为这一问题的解决提供了弥足重视的思想和路径。

与此同时，我们还应看到，全球化并不简单地等同于同质化。早在20世纪30年代英国人类学家拉德克利夫－布朗就曾敏锐地意识到："我们很少发现一个社区与世隔绝，同外界没有任何联系。在现代，社会关系网络已延及整个世界，但是任何地方的延续性又没有被完全中断。"[1] 族群文化或地域文化延续的主要方式，就是把来自他者、异域的异文化置于自己的文化语境中进行再生产，"文化的全球化跟同质化不一样，不过全球化确实会运用到一系列的手段（军火、广告手法、语言霸权和服装风格），一旦地方性的政治经济和文化经济吸收了它们，又会两次将之遣回其祖国"。[2] 也就是说，文化的全球流动结果不是同质化，而是"地方化"（localization）或"本土化"（indegenization），世界各地的地方主体在与外来文化的接触过程中不断进行着文化的发明与创造，形构出多文化交织的景观。

家喻户晓的"好莱坞"（Hollywood）可谓是美国文化的标志，也是文化全球化最具代表性的结果。然而，在遥远的东方，印度将其

---

[1] 拉德克利夫－布朗：《原始社会的结构与功能》，潘蛟等译，北京：中央民族大学出版社1999年版，第216页。

[2] 阿君·阿帕度莱：《消失的现代性——全球化的文化向度》，邓义恺译，台北：群学出版有限公司2009年版，第59页。

进行了"地方化"再生产，创造出印度化的"宝莱坞"（Bollywood）。美国纽约大学的甘提（Tejaswini Ganti）研究印度"宝莱坞"电影工作者在把美国好莱坞电影改编为印度化的电影过程及其中的争论，生产者根据观众的喜好即吸引票房成功的角度出发围绕着是否添加印度元素以及添加哪些印度元素等展开争论，"揭示商业影片制作为何是一种充满制片人和观众之间'差异制造的关系'（Gupta and Ferguson）的实践"[1]。

同样，麦当劳以其快捷、价廉适应了美国民众快节奏、高效率生活的饮食需要而迅速发展起来，并向世界各国扩张。但在美国之外，麦当劳往往被赋予当地文化意义而形成美国文化的"地方化"。美国人类学家华生（James L.Watson）编著的《东方金拱：麦当劳在东亚》研究了麦当劳在北京、香港、台北、首尔、东京的"地方化"过程。其中，由阎云祥完成的第一章《麦当劳在北京：美国文化的地方化》呈现了麦当劳在北京是如何被再生产成具有中国特色的"美国文化"的。麦当劳在其原产地美国完全按照尽量节省用餐时间的快餐设计，在较短的时间完成用餐或带到旅途中吃，甚至可以不下车购买；在北京，麦当劳的"快"彻底"慢"了下来，不仅中国顾客的平均用餐时间远远长于美国，而且当作聊天、会友、聚会甚至举办庆典的场所，广告词是"欢聚麦当劳，共享家庭乐"。在美国，麦当劳以"便宜"著称，以满足人们最基本的进食需要为目标；在北京，麦当劳因被想象为美国文化的符号而成为中产阶级的就餐选择和重要活动场所。

---

[1] 特加斯维尼·甘提：《"然而我心依旧印度"：孟买电影产业与好莱坞的印度（地）化》，载费·金斯伯格、里拉·阿布－卢赫德、布莱恩·拉金编：《媒体世界：人类学的新领域》，丁惠民译，北京：商务印书馆2015年版，第389—418页。

## 四、全球化与跨国移民和移民社区

"每一种特殊的、历史的生产方式都有其特殊的、历史地起作用的人口规律。"[1] 跨国移民，成为全球化时代重要的劳动力和技术空间配置方式之一。

作为动物，人具有在空间上移动的能力；通过空间的移动以趋利避害，是人类的本性。一定数量的人群从原来居住的地方迁移到另外相距较远的地方长期居住，这一过程和这一人群即为"移民"。

移民的形成原因非常复杂，涉及环境、经济、政治、社会、心理等诸多因素。当居住地的自然条件变化而不适宜人类生存或不能满足人类生存需求之时，人们便不得不迁往适宜生存或更适宜的地方；居住地发生外敌入侵、卷入战争、社会动荡、政治迫害等情况时，人们往往会逃往安全之地；在历史上，曾发生政治组织或族群占领某地之后掳掠、驱赶当地居民到其他地方；在本地或本国劳动力不足以满足本地或本国需求时，企业或国家则会面向外地或外国招募移民，有时会采取颁布优惠政策吸引外地或外国移民；如果人们不满意于现有居住地或居住国的生存条件、发展机会并认为其他地方或国家更适宜于生存与发展时，他们就有可能选择移居。"推拉理论"提出，移民是由移出地的"推力"（push）与移入地的"拉力"（pull）两方面作用或共同作用的结果。

15 到 17 世纪欧洲航海者开辟新航路、发现美洲"新大陆"与欧洲资本主义的迅猛发展，拉开了全球化的序幕，掀起大规模海外移民

---

[1]《马克思恩格斯全集》（第 23 卷），北京：人民出版社 1972 年版，第 692 页。

浪潮。首先是一批又一批被探索未知世界、寻找奇珍异宝、暴富梦想驱使的王公贵族离开欧洲的家园踏上新发现的陌生土地，构建出新大陆和陌生世界的梦幻式的图景；随即是破产的农民、手工业者以及无产者远渡重洋奔向美洲大陆和大洋洲以寻求新的生计，掀起了海外移民的热潮。到19世纪，随着一块又一块处女地的开发和资本主义的扩张，殖民者开始经营贩卖黑奴的罪恶行当，3000多万非洲黑人被贩运到美洲、大洋洲、西亚和南亚；同时，一批批亚洲劳工被迁移到美洲、大洋洲等地。在民族国家的体系下，人口被赋予了国籍而归属于不同国家，离开国籍归属国的领土范围而迁移到其他地方的移民便被称为跨国移民或国际移民。

国际移民因"与自己的国家相分离，散布至其他民族当中，但却延续着自身的民族文化"[1]而被称为"离散"（diaspora）群体[2]。该群体及其所再生产的社会文化具有以下主要特征：一是保持着较强的族群意识和对迁徙之前的集体记忆；二是维持着与祖籍国的情感和联系；三是进行着与同源族群互动的社群生活。

台湾人类学家李亦园在20世纪60年代曾调查研究了马来西亚佛州麻县麻坡市的华人。麻坡的华人分别属于闽南人、潮州人、客家人、广府人、海南人、兴化人、雷州人及福州人、广西人和上海人等，人口仅24000多人，但所成立的社团组织却多达65个，分别属于全社区性的社团和非全社区性的社团。前者服务于全社区华人，包括以解

---

[1] Simon Dubnov, "Diaspora", *Encyclopedia of the Social Science*, Vol.4 (1931): 126, New York, Macmillan.
[2] "diaspora"（离散）概念的演变与理论的内涵，详见段颖《Diaspora（离散）：概念演变与理论解析》一文，载《民族研究》2013年第2期。

决社区内外一般性问题的社团和以教育为中心的社团两种类型；后者则主要服务于特定地域、方言、职业、兴趣和信仰的华人群体的社团，包括有地方性及方言性社团（如漳泉公会、永春会馆等）、宗亲会及地区性宗亲会（如陈氏宗祠、陶唐公所等）、职业公会（如中医中药公会、出租车公会、华人树胶商会等）、俱乐部及文化社团（如国乐社、国术社、音乐社、华人体育会等）、宗教及慈善团体（如佛教寺、神庙、基督教堂等）等5种类型。这些华人社团分别组织其服务群体开展相应的经纬交织的各种活动，在马来西亚建构华人及其内部不同群体的社会关系和群体认同，延续中华文化及地域文化，强化历史记忆。

在美国纽约和洛杉矶等许多大都市，都会看到建筑为琉璃瓦顶和紫红色墙壁、经营的店铺和居住的家屋混为一体、沿街杂货店和中餐馆鳞次栉比、黄皮肤的亚洲人种穿梭其中的街区，这就是被称为"唐人街"的移民社区。在世界各大城市，除了华人聚居的"唐人街"外，还有无数类似的移民社区，如"小东京""小西贡""犹太城""德国城"等。

跨国移民社区是由移民自身的需求，即内部拉力与移入国社会文化的排斥，即外部推力两方面交互作用的结果。一方面，迁移到新的国度之初甚至在相当长的时间里，移民都会面临文化适应困难、社会支持网络断裂和归属感缺乏等问题，诸如移入国语言的沟通能力缺乏或不足、生活方式不适应等，而在来自同一国家或同一文化的群体中生活与工作，则可以在一定程度上化解以上问题和困难，比如可以用母语交流、在同乡经营的店铺中工作等，从而能够相对安心地生存下来。文化归属的情结和社会网络的需要吸引着来自同一国家或同一文化的移民不断聚集到一起。另一方面，移民往往遭受移入国及其主流社会程度不等、形式各异的排斥和歧视。比如，美国联邦政府从1882年开始施行至1943年才废止的《排华法》以及其他联邦和地方的法律法规和社会行为使华人蒙受各个方面的限制与排斥。在政治上，不允许华人在法庭上作证、不允许已经获得美国国籍的华人投票；在经济上，外国矿工税、执照税法、人头税及其他歧视性税款夺走了华人收入的主要部分，洗衣条令和渔业限制迫使华人不得不放弃他们喜爱和擅长的行业，纽约州曾通过法律禁止华人从事20多种职业；在社会生活上，反人种混杂法律阻止华人与白人妇女通婚，同时禁止华人妇女入境。移民需要生活和工作于来自同一国家人群或同一文化群体之中的拉力与移入国排斥移民的推力两者交互作用，致使移民"聚族而居"，形成了带有浓厚的移民祖籍国社会文化特征的移民社区。随着全球化进程的加快和移民规模的扩大，具有族裔文化和经济特色的移民社区星罗棋布般地散布于世界各地。

长期在移民社区中生活与工作的群体大多为早期移民和新移民。他们因受教育程度有限而缺乏人力资本，掌握与居住地语言沟通的能力非常有限，也没有适应当地劳动力市场所需要的熟练技术、技能和工作经验，同时因属于劳工移民、非法移民或新移民而缺乏应有的资金、财产等金融资本以及获取某种物质和精神资源以达到某种目的的社会关系和社会网络即社会资本，加之遭到移居国的歧视与排斥，不得不把自己蜷缩于几乎与外界隔离的狭小族裔社区之中，凭借文化赋予的特殊技能和以血缘、亲缘、地缘、族缘为基础形成的社会网络和宗亲团体，从事着主流社会不愿意做或不擅长做的具有族裔特色的行业，过着收入拮据和居住拥挤的生活。比如，欧美"唐人街"的早期居民和从业者主体来源于19世纪后半叶中国东南沿海的劳工移民，从事餐饮、理发、缝补以及小百货等服务业，即所谓"三把刀"（菜刀、剃刀和剪刀）。随着旅游业在20世纪70年代兴起，移民社区因能够满足游客具有族裔文化特色的餐饮、购物等服务需求和新移民谋生的需求而得以存续和发展。

移民社区大多具有区别于其他社区的特征。首先是族裔文化特征鲜明，从社区的建筑风格、居住格局、经营业态到生活方式、交际语言、宗教信仰等，都保留着鲜明的移出国文化；其次是社会结构封闭，移民社区的居民以同一族裔为主，由亲缘、地缘和族缘为纽带结成的社会网络为移民社区的核心社会关系并成为社区管理的基础社会资源，而实现了社会流动的人群大都离开聚族而居的移民社区而散布于其他社区之中；最后是经济结构单一，移民社区主要经营本族裔擅长而移居国主体居民不擅长或不愿意从事的行业，消费群体定位于本族裔或来自移出国的群体，形成同质化的经济活动、经营项目和服务内容。

从熟悉的环境迁移到陌生的环境，难免产生未知感和不安全感。跨越社区、文化乃至国家的移民不仅会感受到移入地与移出地在自然环境上的差异，而且会体验到自身的文化和身份与移入地多数群体的差异，从而产生疏离感；倘若遭遇移入地主流群体对移民的歧视性态度和行为、体制或法律对移民的排斥和限制、存在明显的移民与非移民之间的隔离机制和社会边界，就会导致移民的认同困境和唤起集体意识。为了寻求生存、发展、平等权益和情感归属，移民往往开展以认同为目的或以认同为工具的社会实践，因此，移民的认同问题是移民的自我建构与社会建构共同作用的结果。

认同是移民谋求生存条件的策略。各国移民都存在着受教育程度低、缺乏专业技能、掌握移居国语言能力不足或尚未获得合法身份等的移民群体，为了解决生存、就业等诸多困难，他们只能凭借文化认同或族裔认同的资本，寻求同宗、同乡、同族等群体的同情、信任、接纳和帮助，以获得移居地的就业机会和生存资源。城市新移民即进城务工农民常常按来源地集中就业于某一行业、某一地域或某一企业，跨国移民形成的聚族而居的移民社区，都是移民运用文化认同资本谋生的结果。

认同是移民争取平等权益的工具。由于文化差异和就业机会等资源竞争，移入地的主流群体对于移民持有无意或有意的歧视和偏见；移入地政府或国家基于种族或民族偏见、满足主流群体的诉求等原因往往制定限制移民权益的排斥性政策和法律，构筑移民与非移民之间的区隔，形成经济、政治、社会、文化等领域的不平等。为了维护自身权益和争取平等，移民经常运用文化认同或族裔认同工具，创办"同乡会""商会"等组织以"抱团取暖"，向主流群体或政府争取平等权益。

认同是移民满足情感需求的途径。获得他人和他群的尊重、归属、肯定等是人的基本心理需要，客居他乡的移民在原籍所拥有的许多亲情、乡情和友情割断之后渴望得到认同的情感需求更为强烈。因此，认同对于移民不仅具有克服生存与发展障碍的实用功能，而且还具有满足情感需求的心理功能。比如，一些未能融入移居国主流社会的华人华侨经常返乡捐资助学、修缮祖坟和宗祠、举办恳亲活动等，其动力往往来自补偿在移居国欠缺的尊重感和肯定感；再如，已经获得工程师、会计师和大学教师资格而融入主流社会的移民，尽管居住于高尚社区，但仍然与同文化或同族裔群体保持着密切联系，形成以文化认同为纽带的社会网络，以满足归属感和亲近感。

跨国移民的跨国主义实践和跨国社会空间难免会产生跨国认同，

认识论、研究议题和方法创新:
论重建民族学

具有产生国家认同困境的可能性。国家认同是指一个国家的公民对自己归属哪个国家的认知以及对这个国家的政治、经济、文化、族群等构成要素的评价和情感。跨国移民具有迁出国和迁入国、祖籍国和居住国两个及两个以上国家的记忆、情感和评价,加之因在居住国属于少数族裔群体而形成民族与国家之间的张力,由此导致国家认同的混杂性与归属的摇摆性,也就是说,认同不再与特定的文化、族群或国家保持排他性的对应关系。在第二次世界大战期间太平洋战争爆发后,美国政府之所以对日本裔移民采取集中管治、限制自由的举措,就是顾忌日本裔移民可能会因认同日本而成为美国的敌人;日本裔移民表现出强烈的美国认同感并提出参战要求等举动在一定程度上消除了美国的顾虑,但美国政府仍然没有把参战的日本裔移民安排在太平洋战场而派往欧洲。跨国移民的国际比较表明,存在歧视、排斥、限制移民的国家,移民的国家认同感较弱;移民享受平等的经济、政治、文化权力的国家,移民的国家认同感较强。再如,瑞士文学家迈得森(Deborah Medsen)在分析加拿大华裔文学中发现,近年来的华裔离散文学的身份认同,开始从过去的那种"非此即彼"向"既此亦彼"的模式转变。[1] "非此即彼"的模式,遵循民族主义的逻辑,以对血缘关系的信仰为基础,单一性地忠诚"家"和"国";"本土—全球"的互动循环型塑摆脱了血缘、地域和族群的身份约束,导致"既此亦彼"的离散身份认同。

---

[1] 黛博拉·迈得森:《双重否定的修辞格——加拿大华裔离散文学》,载《南开学报》2009年第5期。

## 五、跨文化交流与相互理解

全球化的进一步深化,必将带来世界各国之间人流物流、基础设施、法律法规、投资金融、社会文化的更加密切的互联互通,跨文化交流将越来越成为人们生活的常态。

跨文化交流就是不同文化背景的人群之间相互传递信息、分享思想、交换观点、沟通情感、寻求共识的过程,其意义远远超出话语的表层意义层面。费孝通先生深有感触地说:"用甲文化的名词来叙述乙文化中的事实,时常会发生困难,因为甲文化中的名词的意义是养成在甲文化的事实之中,甲乙文化若有差别之处,乙文化的事实就不易用甲文化的名词直接来表达了。这就是做文字翻译工作的人时常碰着的'无法翻译'的地方。"[1] 各个文化不仅创造出独特的表述系统和意义系统,而且作为一种社会过滤机制型塑出其成员的行为、观念、利益、权力等各个方面的好恶、取舍等价值取向,因此,无论是基于何种目的的跨文化交流,理解彼此文化的不同与相同成为无法逾越的基本前提。

如何才能准确理解对方的文化呢?首先要确立文化相对性的观念以形成理解的意向。在跨文化交流过程中,极易出现"文化中心主义"和"文化虚无主义"两种极端的态度和思维。前者持有文化优越感,认为自己的文化价值优于对方,以居高临下的态度进行交流,轻易否认甚至鄙视对方的表达方式和价值观念,以"话语霸权"的态度进行交流;后者表现为文化自卑感,全盘否定自己的文化,过高评价

---

[1] 费孝通:《生育制度》,天津:天津人民出版社1981年版,第70页。

对方文化，丧失了交流的主体性。跨文化交流的目的在于促成合作，而只有树立文化相对性的观念进行平等交流，形成理解对方文化意向，才能认知"他者"的"他性"，并通过"他者"重新认识自我的特性，发现价值、谋求共识、达成互补。其次要知晓对方文化符号以理解其意义指向。每个文化都是一套由言语符号、形体符号、行为符号、仪式符号等构成的符号体系，形成复杂的能指—所指关系及意义编码。跨文化交流的各个主体以各自的文化符号为工具传递信息、交换意见、表达情感，倘若习惯性地用自己文化的编码"推己度人"，极易出现"误读"并有可能导致误解，因而必须知晓对方的文化符号特别是礼仪、信仰、禁忌等重要符号，才能领悟其意义所指，顺利进行交流。再次要了解对方的社会结构以理解其文化语境。文化之间的差异常常固化为社会关系、社会制度、社会分层等社会结构的差异，通过社会结构整体性地表达文化价值，换言之，社会结构的差异构成文化差异的语境。作为跨社会的互动，跨文化交流需了解"他者"社会与自我社会之间的差异，将交流过程及其细节置于文化语境之中进行理解。最后要体察对方的思维方式以理解其行为逻辑。每个文化形成了看待自然、社会、自我和他人及其关系处置的内在程序即思维方式，因此，文化差异表达于日常行为和生活方式之中，而根源于思维方式的差异之内。跨文化交流若欲推向深层，不仅知其然，而且知其所以然，也就是说，不仅知道对方传递出的信息和态度，呈现出的意向和情感，而且要理解对方表述内容和表述形式的根源和脉络，则需体察对方的文化思考方式。

## 六、当今全球问题与文化批判

作为以资本的世界扩散为起点和基础的全球化,既存在着各国共享人类智慧成果、改善生存条件、增进人类福祉等作用,也存在着制造经济危机、破坏生态环境、增大社会风险、导致冲突战争、产生不平等等一系列问题。作为特别强调关怀人类福祉与关注边缘群体的学科,人类学责无旁贷地调查研究与批判全球化所带来的问题。马克思理论就是建立在对资本主义社会批判的基础之上,并被国际学术界视为社会批判理论的重要代表。健全的社会或者具有自我完善意向的社会宽容甚至鼓励社会科学家进行严肃而负责任的社会批判,为建设更加美好的未来提供理论支撑和决策依据。

工业化生产方式和消费主义文化意识形态的全球性扩散导致环境危机在世界各地不断爆发。科学技术的进步不断增强了人类开发利用自然资源的能力,资本主义生产方式及其消费文化迅速增大了自然资源开发利用的规模和速度,"资源消耗的速度远远超过自然生物或地质的生产过程,通过大规模地干扰自然循环、简化生态系统、源源不断的废物破坏了自然循环。在过去的150年里,生物圈产生了史无前例的退化"[1]。卷入市场经济"发展"轨道的国家和地区,举目所见常常是森林减少、物种灭绝、水土流失、水资源短缺、农田退化、土地沙漠化、大气和水污染。驱动无限制的生产扩张和财富积累的动力来自于资本主义精神,这就是"认为个人有增加自己的资本的责任,而增

---

[1] T.Mathews, and William B. Meyer, *The Earth as Transformed by Human Action:Global and Regional Changes in the Biosphere over the Past 300 years* (Cambridge, MA:Cambridge University Press, 1990).

认识论、研究议题和方法创新：
论重建民族学

加资本本身就是目的"[1]。不仅如此，"资本主义致力于鼓励商品的生产和消费。它构建的文化鼓励资本家积累利润，鼓励劳动者积累工资，鼓励消费者积累商品。换句话说，资本主义让人们按照学到的一组规则去做事，做他们必须做的事情"[2]。生产、工作、积累、交换不再与生存等实质性的需求相关联而被消费主义的文化意识形态推到"永远都不够"的反复循环之中，而永无止境的经济增长和无法穷尽的商品消费必然导致无限制的资源消耗，也就是说，生态危机根源于消费主义的文化意识形态。

全球化带来的经济增长和财富增加并没有实质性地消除贫困、不平等和冲突，反而导致更多的相对贫困和被剥夺感，激发出新的国际秩序和一些国家内部秩序的混乱及冲突。全球化带来的科学技术、工业化生产、商业社会以及消费主义意识形态的迅速发展和世界范围扩散，极大地增加了商品的产出效率和社会总财富，同时加大了国际社会及许多国家的权力和财富分配的不平等、经济危机爆发的危害性及其波及的范围，不仅因贫富差距的扩大和社会分层的加剧而形成新的相对贫困甚至绝对贫困、被剥夺感和不公正感、社会失序和暴力事件，而且无论是从20世纪50年代到90年代的美苏两个超级大国对抗的"冷战"时期，还是东欧剧变、苏联解体以来美国维护其全球霸权与推广其意识形态的时期，国家之间、民族之间和社会群体之间的经济政治权力及意识形态的博弈与竞争从未停止并有不断升级的态势，引发了一系列的局部战争和地区冲突、民族矛盾和国家分裂。据统计，

---

1 [德]马克斯·韦伯：《新教伦理与资本主义精神》，于晓、陈维纲，等译，北京：生活·读书·新知三联书店1987年版，第35—36页。
2 Robbins,Richard H.*Global Problems and the Culture of Capitalism* (Boston:Allyn and Bacon,1999), p.12.

## 第五章
## 全球化及其人类学论题

整个20世纪,约有2亿人死于惨无人道的战争和政治冲突[1]。这一系列问题至少部分根源于资本主义全球化及其消费文化的意识形态。诺贝尔经济学奖获得者阿玛蒂亚·森通过分析孟加拉国从1943年至1974年的饥荒得出这样的结论:当地人之所以饿死,并非缺乏食物生产条件和食物,而是由于他们没有获取足够食物的权利。孟加拉国农业用地丰富且肥沃,1757年英国东印度公司进入该国之后强行引进黄麻等经济作物和推行土地农场化,许多农民被剥夺了种植粮食和拥有土地的权利。1974年发生洪涝灾害时,美国因孟加拉国不接受停止向古巴出口黄麻的要求而拦截了国外的援助资金,穷人既因地方精英操控工资和物价而失去从市场获得食物的权利,又因政府无法补充穷人的食物获得权,最终导致严重饥荒暴发。[2] 人类学关于各种小型社会的民族志研究表明,经济体制、社会体制和政治体制构成了文化体系,劳动态度、财富分配和权力占有的方式由文化塑造而成,而且暴力冲突和战争也受到文化的塑造。[3]

科学家联合会(UCC)1992年发表了由世界1700名前沿资深科学家共同署名的《世界科学家对人类的警告》说:"如若不阻止,当前的许多行为将会给我们期望的人类社会、星球和动物世界带来严重的危险,这可能会改变现实的世界,使得我们所了解的方式无法维持生存。我们若要避免当前过程引起的冲突,从根本上作出变化极为重

---

1 Rummel R.J., *Death by Government* (New Brunswick, HJ:Transaction.1997).
2 Sen·Amartya, *Poverty and Famines:An Essay on Entitlement and Deprivation* (Oxford:Clarendon Press, 1981).
3 Otterbein Keith F., A History of Research on Warfare in Anthropology. *American Anthropologist* 101, no.4 (1999):794—805. The Doves Have Been Heard From, Where Are the Hawks? *American Anthropologist* 102, no.4:841—844.

要……我们最大的危险是陷入环境衰退、贫穷和动荡的漩涡，这会导致社会、经济和环境的崩溃。"[1]

祛魅与批判无限制的消费主义文化意识形态以建构平衡人与自然的文化价值和生活方式、解构与揭露权力及分配的不平等的罪恶以寻找公平正义的社会秩序和国际秩序，建构生态文明、和谐社会与和谐世界，是人类学不可推卸的责任。

综上所述，全球化时代的人类学需要创新理念和研究方法以有效解释未来世界。其一，以解释全球化以及未来世界的问题为导向，加大研究濒临消失的文化和小型社会，更为系统地梳理挖掘已有的民族志成果，为理解与解决全球化和未来世界问题提供可资比较的资源；其二，发挥文化多样性研究和整体性视角等优势，大力推进跨国家、跨文明以及不同社会文化交流互动研究，参与全球治理、群体冲突化解等研究，为公平公正的社会秩序和全球秩序建设贡献力量；其三，在原有的小型社区研究和质性研究的基础上，根据社会规模的迅速扩大和人口的频繁流动等特征创新研究方法，如多点民族志、区域研究以及大数据的采集与运用等等；其四，探求更为契合研究对象的文化特性并更具表达力和解释力的学术理念和研究模式，进一步消解西方学术话语霸权以适应世界的多极化，创建多元化的全球人类学或复数的世界人类学等等。

人类学在未来应该大有可为，也一定会大有可为！

---

[1] [美]约翰·博德利：《人类学与当今人类问题》，周云水等译，北京：北京大学出版社2010年版，第6页。

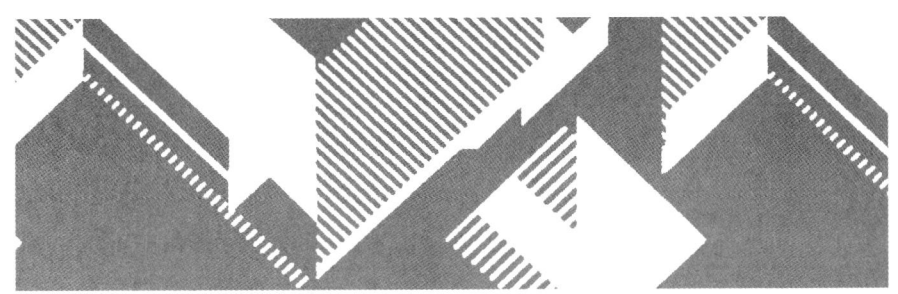

# 第六章
# 全球化背景下边疆社会稳定研究的几个问题

在现代民族国家框架下,边疆或者疆域的界定是一个重要的历史过程和政治过程。疆域的稳定突出地表现为边疆和谐社会的建构问题,更是作为维护国家疆域的完整、主权的独立的重要表征,并在现代国家政权体系和主权观念下具有重要的意义。在现代民族国家的场域空间中,由于边疆地区往往处于与中心地区相对的边缘地区,历史上和现实中造就了边疆地区多处于国家权力的边缘和国家主流文化的边缘。在国家与国家之间,边疆更是作为国家间的缓冲带,共同受到来自两方面的文化冲击和文化影响。由此,这也使得在当今世界范围内,边疆地区往往成为民族分离运动、宗教分裂主义、极端民族主义的温床,边疆民族地区不稳定问题也存在引发国内冲突和国家分裂的潜在危险性,以及具有扩大化为国际争端的可能性。

长期以来,各国政府都对边疆地区的稳定问题投入了大量的精力,并通过一些相关的政策扶持以及实施特殊的治理模式力图构建边疆稳定的态势。我国政府也不例外。尤其是由于历史上长期形成的中国边疆地区多民族聚居的状况，民族间文化和民族心理差异较大，而周边的地缘政治又有着极大的差异，因此边疆民族地区的稳定问题尤为重要。边疆民族地区的稳定与否，决定了建构在中华民族共同认同意识下中国的国土是否能够保持完整和民族国家的主权独立，直接关系到国家经济社会发展的全局。

## 一、边疆社会稳定问题研究现状

近年来，我国众多学者从人类学、民族学、历史学、政治学和社会学等多学科的视角对边疆社会稳定的现状和影响边疆民族地区社会稳定的因素开展研究。除了从经济发展的结构性差异、民族政策的影响以及民族自我意识等内在和外在的因素进行分析外，还有一些学者也注意到境外民族主义运动的兴起以及民族—国家观念在全球的深入对于边疆民族地区的社会稳定的影响。在最近的一些研究中，有部分学者又把边疆民族地区社会稳定置于西部开发与和谐社会、国家化与国民社会建构的大背景下开展研究。

从国际层面来探讨边疆民族的社会稳定问题：近年来我国学者更多地关注到了周边国家的地缘政治、极端民族主义、极端宗教主义等对边疆民族地区的影响。从国家内部的层面来思考边疆社会稳定问题：段超、窦效民等学者关注到了近年来经济的高速发展，致使边疆少数民族地区经济发展落后的问题日益凸显出来[1]，由此引发了边疆民族内部、边疆民族地区与发达地区的利益分配不均衡的问题，国家在民族

---

[1] 窦效民：《正确处理民族问题保持社会政治稳定》，载《思想战线》1999年第2期。

地区兴办的大型工程对地方民族的利益考虑不够等[1];杨建平提出可以通过缩小边疆地区与内地发展差距,维护边疆地区社会稳定、实现国家的最高利益的内在要求[2]。

此外,还有学者关注到从中华人民共和国成立至今的民族政策在当前社会转型下对边疆民族地区社会稳定问题的影响。

与此同时,随着近年来我国边疆民族地区,尤其是在新疆和西藏地区边疆社会不安定问题的凸显,边疆民族的文化特征与边疆社会稳定之间的关系亦成为讨论的焦点。其中一个重要的关注点就是宗教信仰与边疆社会稳定的问题。学者们认为宗教对社会稳定的作用具有两重性,它既可以通过心理调节、行为规范、价值导向、群体整合和社会控制等功能维护社会稳定,也可以通过宗教狂热、排斥异己和政治斗争等活动破坏社会稳定[3]。宗教对民族地区具有整合和调适两个方面的促进作用,同时宗教的滞后性、触发性对民族地区社会稳定也具有制约作用[4]。然而,考虑到中国历史上及现实的社会过程所决定的中华民族多元一体的格局,决定了边疆民族的共同心理素质对边疆社会稳定具有积极的意义[5]。

总体看来,以上从多个视角、多种方法对我国边疆地区的社会稳定现状的研究取得了相当的成果,但也暴露了一定的不足。对于当今全球化和民族国家建构背景下边疆社会稳定问题的特征并没有明晰的

---

1 段超:《当前影响民族团结和社会稳定的因素分析》,载《中南民族大学学报》2003年第9期。
2 杨建平:《边疆的和谐稳定与国家的最高利益》,载《理论导刊》2006年第9期。
3 陈元福:《宗教对社会稳定的双重效应》,载《青海民族学院学报》2000年第1期。
4 高永久:《对民族地区社会稳定的思考》,载《兰州大学学报》(社会科学版)2003年第3期。
5 徐黎丽:《试论我国民族心理研究》,载《兰州大学学报》(社会科学版)1995年第4期。

认识;从民族心理和文化特征切入,注重动态和整体的文化视角的边疆社会稳定的研究尚处于起步阶段。尽管研究也关注到国内和国际两个层面的因素对边疆民族社会稳定的影响,但关于具体的作用机理的研究较为缺乏,而对在全球化、社会转型背景下的,边疆少数民族心理素质、心理认同、宗教意识等与边疆社会稳定之间关系的特殊性的研究是不充分的。基于此,本文将围绕上述几个问题,具体讨论在当前全新的背景下边疆民族社会稳定问题的特殊性,并对边疆民族社会稳定问题的解决提出具体的策略。

## 二、全球化背景下边疆社会稳定问题的基本内涵

"社会稳定是指社会秩序和社会生活的安定、协调、和谐和有序,是通过人们的自觉干预、控制和调节而达到的社会秩序和社会生活的动态平衡状态。"[1]社会稳定是基于在社会这一层面下社会内部各系统之间平衡状态的达成。社会本身就是一个有机的大系统,系统内部每个组成部分都有一定的结构和功能,如生产系统,也即经济系统,搭建了社会生产的平台并满足社会的物质需求;而组织系统,也如社会的分层和社会结构等,使得社会内部分散的个体被有机地组织在一起,成为一个完整的整体。因此,系统内部每一个子系统对于社会大系统都有着极大的贡献和作用。同时,从中观和微观层面,社会又可以分为多个层面、多个相对独立的小社区或者小社会,相互之间通过社会网络、社会结构等建立起稳定的联系,并与社会外部的世界保持着密切的联系。因而,对于一个具有复杂系统的社会来说,稳定便是要使

---

[1] 陶德麟主编:《社会稳定论》,济南:山东人民出版社1999年版,第4页。

## 第六章
### 全球化背景下边疆社会稳定研究的几个问题

社会内部各系统之间达到一定的平衡状态，该社会与系统外其他社会之间保持一定的平衡状态。然而，社会系统内部各子系统以及社会大系统不是静止不变的，子系统与社会大系统之间也总存续着互动过程，系统之间也存在着冲突与竞争，这也在一定程度上决定了社会系统的稳定并不是一种静态的稳定，而是时刻处于动态的稳定状况中。"社会稳定的实质是一种能力，一种调节冲突、维持平衡的能力结果，是各种社会力量之间的动态平衡；目的是社会的稳步、健康发展；归宿是人民安居乐业；并强调其综合性、历史性、动态性和地域性特征。"[1]

在当今全球化背景下，更使得社会稳定的动态稳定观的特性深刻地凸显出来。世界体系建构的一个前提条件是全球化的市场体系的建立，并且这一市场体系还摆脱了传统经济体制，与社会其他结构间的整合，而成为一个具有主导作用的，并对政治体制、社会结构等产生深远影响的社会结构化的力量，对当今世界各国、各社会系统都产生了深远的影响。由此，国与国之间、社会系统间都共处于世界大系统下，相互竞争与合作，社会系统之间的冲突更成为常态。从动态稳定论的观点来看当今的社会冲突与社会稳定，正应验了科塞的观点，"社会冲突在开放的具有灵活的社会制度中，内部冲突能够消解紧张和恢复稳定。内部冲突的具体好处是维持群体团结、调适群体规范和重新安排权利平衡"[2]。同时，社会内部与社会外部的冲突，也同样有积极的意义，能够增强社会凝聚力。由此，社会冲突并不总是对社会系统具有巨大的解构力的，相反正是在合理地疏导社会冲突的过程中，使

---

[1] 李世杰：《需求与稳定：以需求为导向的社会稳定理论体系研究》，载《湖北社会科学》2008年第10期。

[2] 易斯·科塞等：《社会学导论》，安美华等译，天津：南开大学出版社1990年版，第612页。

得社会在不同的层面上达成社会稳定。再加之,"社会稳定是因变量,而非自变量。与社会稳定密切相关的因素,在最抽象的层次是与个人权利(宪法自由)和经济发展密切联系的"[1]。随着全球化的推进,信息传递更为快捷而迅速,使得国与国之间的影响更加深化,由此生存条件、经济条件、社会因素、文化因素、心理因素、外部因素等都会对一国或者周边其他社会的稳定产生影响。常态的社会冲突,深入的社会影响,更决定了任何国家的社会稳定都是一种动态稳定,在冲突和调适中达到平衡。

对于我国边疆民族地区,全球化背景下的边疆社会稳定也突出地表现出动态性的本质核心。由于在我国边疆地区,历史过程、文化传统、市场能力、自然环境、资源禀赋、制度安排、政策体系等诸多因素的交互作用,边疆与内地、少数民族与汉族、区域主导民族与非主导民族、农村与城市等之间的差距呈扩大趋势,而制度环境、政策措施、经济发展、社会转型、文化变迁、心理调适等之间存在着的非同步性和错位现象较大程度地普遍存在,边疆社会与社会大系统之间存在一定的冲突和竞争。对于边疆的主体——边疆民族的需求也是多样而且多层次性的,也是处于不断的变化中的。尽管同处于边疆地区,不同民族的社会发展状况、民族文化特征、文化和心理需求都有着一定的差异。即使在同一民族内部,无论是同为中国的世居民族,还是跨境而居的跨国民族,生活状况、经济条件、文化特征仍存在着差异。尤其在现代化、市场化和全球化的推动下,边疆民族社会无论是在速度还是在深度上都显现出差异性的变迁态势,边疆社会也成为一个"复数性"的社会。与此同时,各民族间、民族内部各小社会系统间

---

[1] 胡传胜:《试析社会稳定的范畴》,载《南京政治学院学报》2008年第6期。

交往的深入，使得各个社会成员对上述状况更加感同身受。边疆民族内部和民族间的冲突与矛盾，边疆民族的需求也日趋多元。此外，当今社会周边国家地缘政治、经济势力、宗教文化观念等更趋于多元化的发展，信息沟通的便利，更加剧了境外的极端宗教主义、民族主义、恐怖主义等对边疆社会的影响。无论是从内部还是外部，无论是从社会还是从经济、文化等层面来思考全球化背景下边疆社会的特征，都决定了我国边疆社会的稳定将长期以动态稳定为特征存在下去。

由此，我国边疆社会稳定是一种过程性和动态性的稳定，是国家、"复数"性的边疆社会和社区社会、多样性的民族文化和心理结构相互调适与交互作用的结果。在国家与社会由合二为一的体制向二者适度分离的社会结构变迁过程中，培育边疆地区及其民族社区的社会，使之发挥协调、沟通、联结、整合国家与民族及族群之间的关系，是现代边疆社会稳定建设的关键。

## 三、全球化背景下边疆民族的文化心理特征

民族的心理现象和心理特征一直是学者关注的焦点。长期以来，国内外学者对民族心理的研究采用两种不同的研究路径，心理学的研究路径和人类学、民族学的研究路径。对于前者，心理学者往往引入实验心理学的研究方法，着重从个体层面分析民族心理产生的生物基础，如民族的认知意识、情绪等。对于后者，人类学者和民族学者多采用田野调查的方法，着重从群体层面分析民族心理产生的社会基础，如特定民族的文化观念、社会结构等对民族心理的影响。然而，近年来的研究也出现了把上述两种研究路径相结合的第三条研究路径。即

## 认识论、研究议题和方法创新：
论重建民族学

兼顾到心理学和人类学的所长，运用社会心理学的研究成果和框架来思考民族心理，由此群体层面的民族心理产生的生物基础从某种程度上也是文化决定的。并且强调民族心理的建构并不仅仅是简单的文化决定论，而是关涉到生态、社会、文化多个层面的社会和文化现象。同时，民族心理也不仅仅是建立在群体人格基础之上的，民族内部构成民族的基础个体之间也是有一定的差异的，因此尽管在研究具有群体性的特征的民族心理问题时，仍然要兼顾民族心理建构中个体的能动性问题。个体在建构自我的观念时，实际上包括内部的自我（private self）和外部的自我（public self）两个有机部分，自我的经验与意识，可以是由外力所塑造甚至控制，往往是个体在大庭广众前刻意表现出的形象，这即是外部的自我，而内部的自我往往来自个体对自我的体认。[1] 无论是外部自我还是内部自我的建构，都是社会、文化和个体三者共变的结果。由此，民族心理的建构并不仅仅是单一的文化决定或者生物决定的问题，而是多变量作用的结果。

由此反思近年来我国人类学者和民族学者对边疆民族心理特征的研究，或仅关注到了边疆生态环境的独特性对民族心理的影响，或仅注意到了民族传统文化对民族心理的影响，或落入了个体微观层面的心理研究的泥沼，着重探究民族感觉、知觉、认知等。民族学界和心理学界各行其是，互不借鉴。[2] 然而，由于边疆民族是一个历史和社会事实，边疆民族的形成与建构有其特殊性。边疆民族内部之间也有一定的差异性，如若大而化之地把以往民族心理研究中的"文化决定论""技术决定论""自我心理动力学决定论"等观点引入边疆民族心

---

[1] 黄应贵主编：《人观、意义与社会》，台北："中央研究院"民族所1993年版，第4页。
[2] 徐黎丽：《关于民族心理研究的几个问题》，载《民族研究》2002年第6期。

理问题讨论中，难免会一叶障目，不能深刻揭示边疆民族心理特征与社会稳定之间的关系。由此，应该从建构边疆民族的生态、文化、社会等方面深入揭示边疆民族心理的特征，才能为边疆社会稳定提供一个长效的支持机制。

事实上，在现代民族国家中，边疆民族因其在地理空间上与政治中心的距离和在文化上与主流中心的差异而形成了一定的文化边缘性、心理疏离性。边疆相对于国家的腹地而言，既处于主流文化的边缘，同时也处于国家控制权力的边缘。如在中国古代，边疆地区无不采用了与中原腹地相异的治理模式，羁縻统治或"不治"[1]。对于边疆地区也多用"塞外""疆外""关外"等概念来描述，并与"中原""腹地""关内"形成了有着一定政治及地理差异的表述。[2] 正是在传统的"华夷之辨""一点四方"等观念的影响下，决定了我国边疆民族在历史上就形成了上述特征，并对现今我国边疆民族的心理产生了深刻的影响。

同时，现代民族国家建立的一个主要标志就是有着明确界限的国家观念的出现，这完全打破了以往中国边疆地区民族的国家观念。"'边界'，体现的是与他国相交的领土划分，对内意味着统治的端末，对外标志着主权的终止。对外边界，也就是'国界'的确立，标志着中国作为完整统一单位在现代世界秩序中的加入；同时也意味着其边地文化与邻国之间原有关系的变异。"[3] 明确的边界一定程度上阻碍或者限制了边境地区同一民族之间的往来，以往同一民族被边界线分割成了

---

[1] 李大龙：《传统夷夏观与中国疆域的形成——中国疆域形成理论探讨之一》，载《中国边疆史地研究》2004年第1期。

[2] 吴文藻：《边政学发凡》，载《边政公论》第一卷，1942年，第5—6页。

[3] 徐新建：《边地中国：从"野蛮"到"文明"》，载《西南民族大学学报》（人文社科版）2005年第6期。

生活于不同国家间的跨界民族。明确的边界还凸显了国家认同的意识和认同观念，并强调在统一的多民族国家框架下，国家认同必须高于民族认同，而这一观念对于历史上聚居于此的边疆民族而言完全是全新的知识体系。因此，同一民族跨国而居的居住格局使得边疆民族形成与毗邻国家具有交往的频繁性以及民族认同与国家认同的交错性甚至错乱性。当今全球化背景下，国际上屡屡出现的国家分裂或民族独立运动，大都发生在国家的边疆民族地区，其根源与上述边疆民族的文化和心理特征具有密切关联。

从个体层面，随着近年来我国国际化程度的提高，中国这个社会越来越与周边国家、全球世界体系接轨，使得边疆民族前所未有地与外部世界紧密地联系在了一起。作为一直被视为非主流文化的持有者、偏远落后的代名词，边疆民族更加深刻地感受到了自己与主流文化、主流社会间的差异。同时通过与周边民族或者周边地区各民族生活状况的比较，也加剧了边疆民族的不公平感的产生。再加之长期以来边疆民族政策执行中的不完全适应性问题，往往国家政策所提供的公共服务以及经济扶持等不能完全符合差异性的边疆民族的需求，进一步加深了等比上的心理疏离感。如在云南藏族聚居区，由于长期以来我国宗教政策的限制，使得藏族僧人不能在本地学习藏传佛教经典并获得最高的佛教学位"格西"，因而被迫到印度佛教寺院学习。获得格西学位往往需要15年之久，而持中国护照在境外滞留不得超过5年，这样致使大量的僧人在获得格西学位后无法返回中国，也无法满足藏族群众宗教信仰的需求。由此，边疆民族社会发展的不均衡性，边疆民族文化的差异性，决定了边疆民族心理需求的多样性和多层次性，这也是全球化背景下边疆民族心理的特征之一。

"现代民族主义的新颖之处在于近百年来遍布全球的民族国家的世界体系。这一体系将民族国家视为主权的唯一合法的表达形式。民族国家是一种有着明确疆界的政治体制，其中'代表'民族——人民的主权国家不断扩展自己的角色和权利。"国家作为政策的制定者和施行者，如若未能从边疆民族的心理需求出发，兼顾到全球化背景下边疆民族文化的边缘性和心理的疏离感，并通过一系列政策法规的保护，在边疆民族中建构起超越于民族的国家认同感，势必会影响到国家的稳定和社会的长治久安。这也是诸如苏联、南斯拉夫、捷克斯洛伐克等社会主义国家民族矛盾激化的原因之一——在制定边疆治理方案时多采用刚性的管理模式，未曾注意到边疆少数民族的文化和心理特征，也未能处理好边疆少数民族与其他民族间的关系，进而引发了民族独立运动或国家分裂。

## 四、全球化背景下实现边疆社会稳定的关键

国家是政治联合体的基本的历史形式，其起源及赖以建立的基本纽带是一些基本的价值、需求和利益，并把社会结合成在特定疆域范围内实施其权威的政治联合体。其建立的前提条件是共同的国家认同的建构。对于我国边疆民族而言，历史上并没有明晰的国家理念。相反，我国边疆民族文化边缘性和心理疏离感的文化特征，弱化了边疆民族的国家认同观念。同时，现行边疆民族政策的制定和实施，也未能充分关注到边疆少数民族的文化诉求，边疆少数民族在对政府政策认同的基础上建立起来的政治认同感也有所削弱。边疆少数民族国家认同的模糊，国家认同与民族认同难以有效整合的问题，直接导致边

认识论、研究议题和方法创新:
论重建民族学

疆少数民族社会具有分离倾向,并成为诱发社会不稳定的动因之一。此外,在现行民族政策框架下,以实现"群体优惠"为出发点的民族扶持政策,较少顾及地区间和地区内部边疆少数民族社会和经济发展状况的差异,因而各边疆民族也难以获得平等的发展机会,由此有可能激发边疆各民族间、边疆民族与主体民族间的冲突和矛盾,这也成为诱发社会不稳定的另一个动因。由此,从根本上解决边疆少数民族的社会不稳定问题,就是要处理好国家与民族、民族与民族之间的关系。

边疆地区社会稳定不稳定,国家是统一还是分裂,诱发的深刻文化根源是国家与民族之间的关系,如若片面强调民族的多元,而忽视了民族多元下的国家一体,那么也将对边疆稳定社会的构建产生影响。这其中,在民族心理上国家与民族之间的关系又集中地体现为认同还是不认同的关系。现代民族—国家观念强调的是其政治组织形式特征,"任何社会都必须通过建立现代意义的国家机器来保护自己国家与民众的基本权利与利益"[1]。由于当今全球化背景下,各国内部族群的跨国流动现象成为常态,再加之历史形成的民族分布的状况,如若寄希望于建立以单一民族为单位的民族—国家为现代国家的常态是不可能的,也会割裂了各民族间的联系,因而多民族—国家的建构成为必然。

另外,在中国历史上和现实生活中,民族又是一个多义的概念,民族观的多样性以及政治认同的变动不定性使我们最好把民族主义看作相对性的身份。换言之,一个民族,即使它确实不是新近才创造的,也很难说是一种原初本质的实现。相反,它是一个旨在容纳某些群体

---

[1] 徐波、陈林:《全球化、现代化与民族主义:现实与悖论(代序言)》,载凯杜里:《民族主义》,张明明译,北京:中央编译出版社2002年版,第9页。

并常常以暴力的形式排斥其他群体或将其他群体边缘化的历史建构（以语言标准来界定民族所排斥或边缘化的群体显然会和以宗教、种族或共同的历史经验来界定民族所排斥或边缘化的群体不同）。[1]在我国传统的民族观中，民族的建构是在强调文化的差异性，而不是政治权利上的差异，由此也才能在文化上形成"多元一体"的观念，这其实也契合了现代多民族国家建构的文化诉求。

在多元一体的观念下，强调的是既要尊重各民族间文化的差异，也即尊重文化的多样性，同时在形式上又要达成国家的统一，也就是各民族对国家认同的统一。只有在保证一体的基础上才能充分实现多元的尊重，而一体的实现又必须以多元的尊重为前提。因而国家认同应当高于民族认同，同时又保护民族认同的认同意识，实现"美美与共""天下大同"的社会稳定态势。

同时，边疆地区社会稳定状态的达成，民族与民族之间和不和谐，还取决于能否处理好边疆民族间或与其他民族之间的关系。不可否认的是，边疆民族共存于国家这一社会空间下，由于历史记忆、宗教信仰、生活习俗、资源占有、权利分配等方面存在差异性，使得边疆民族之间、边疆民族内部、边疆民族与国家腹地的其他民族间发展处于不均衡的状态，也给族际交往带来了心理障碍和文化障碍。如历史上云南宁蒗小梁山地区彝族与普米族的冲突等等。社会主义市场经济的发展，使得不同民族之间的文化交流和社会交往的程度加深，边疆地区族际之间有可能产生文化冲突和心理对立，存在着族际关系紧张甚至民族冲突的可能性。民族不平等感的凸显，民族与民族之间冲突的

---

[1] 杜赞奇：《从民族国家拯救历史：民族主义话语与中国现代史研究》，王宪明、李海燕、李点合译，南京：江苏人民出版社2008年版，第13页。

增多，核心的根源是民族心理上的包容还是排斥的态度发生了变化，如若民族之间一味地采取敌视或者排斥的态度，对于我国以多民族共居为主要特征的边疆地区的社会稳定将产生深刻的影响。

在当前全球化的背景下，正确处理边疆民族间或与其他民族之间的关系，就必须清醒地认识到民族之间的竞争是不可避免的，但是作为国家应该更好地发挥疏导和调适的作用，强调民族之间的宽容与理解，疏导不合理的竞争，适当扶持弱势个体，以此来达到民族与民族之间内容上的平等，建构稳固的社会稳定的文化和心理根基。

由对当今全球化下民族—国家建构和发展的趋势以及国家化进程的推进和现代化、市场化的实践，边疆民族社会无论是在速度还是在深度上都显现出差异性的变迁态势，社会转型过程中，社会稳定是一种过程性和动态性的稳定。引发社会不稳定的诸多因素中，除作为本底性的边疆民族的文化边缘性和心理疏离感外，边疆民族的多样化的文化需求未能得到充分满足也对边疆社会稳定产生了深刻的影响。此外，诸如体制改革，社会生活、社会秩序和经济生活的急剧变化，环境状况、家庭生活、个人发展和政治参与的变化等，以及境外分离主义、极端宗教主义、恐怖主义、地缘政治等外因的作用，也都对边疆民族的社会心理和日常生活产生了影响。这些问题的解决是关系到边疆民族地区和谐稳定的局面能否建立的重要前提，其目标的达成必须从国家层面制定一定的方针和政策。

然而，以往对边疆民族文化的显著特征是多样性和差异性问题认识得不是很充分，因而在制定边疆政策时往往存在着一刀切的状况，民族政策未能满足边疆少数民族多样性的文化诉求。政策制定一定程度上存在着重物质条件的改善、轻文化心理需求满足的问题，未能充分满足多层次和多元化的民族心理需求，致使国家认同与民族认同难以有效整合。这就要求在提出和制定新型边疆社会稳定政策时必须跳出单纯从群体性的平等来制定边疆社会稳定政策的视角，切实实现在对边疆民族多样性文化诉求分析的基础上，提出建立兼顾"群体优惠"与"个体扶助"的、强化国家认同的、具有弹性的政策体系。

弹性政策体系的建构是一项系统的工程，为达成这一目标必须在文化整体观和动态稳定观的指引下，在调适和整合边疆民族与民族之间、边疆民族与国家之间关系的过程中实现平衡。其政策体系的内核和路径是在中华民族多元一体认同的框架下，形成国家认同指向性明确、多元文化兼容性广泛的国民文化，夯实国家统一和长治久安的文化基础；同时也要建构起文化诉求和心理需要的表达机制，调整边疆管理制度和政策，以消弭疏离感，强化认同感，构筑以"精神边疆"为内核的维系国家安全的文化基础。

# 第七章
# 从单一走向多元：民族研究方法创新的构想

## 一、研究缘起：个案或小型社区研究的局限

个案或小型社区研究是民族学研究方法的百年传统。从"扶手椅人类学家"进入田野调查伊始，民族研究者就强调研究的深度和精度，提出要限定调查区域和范围，强调精细化研究的重要性[1]。例如民族研究早期的先行者哈登（Alfred Cord Haddon）、里弗思（William Hals Rivers）等借用博物学和动物学的概念和研究方法，主张通过实地调查对"有限区域进行精细化研究"。马林诺夫斯基（B.K.Malinowski）曾强调："精细化研究的本质是对有限区域进行细致、彻底的研究。其特点是调查者在一个400或500人的社区中生活一年以上，去研究他们生活或文化的方方面面……唯其如此，我们才能深入地了解一个文化……才能发现那些浮光掠影式的研究中普遍

---
[1] 马力罗：《民族学与人类学方法论研究》，北京：知识产权出版社2018年版，第40页。

存在的不足和误人之处。"[1] 美国人类学的开创者博厄斯（F.Boas）也旗帜鲜明反对以自然科学简化论为基础的大规模比较，他认为民族研究者要去了解特定场景中某种习俗和信仰出现的原因和发展过程。

在中国，以吴文藻、费孝通等人为代表的中国学者将美国芝加哥学派的人文区位学与英国的社会人类学传统相结合，从"社区"着手对微观的文化区域社会进行研究，开创了民族学人类学研究的中国学派。其中最为典型的是一系列民族学学者先后发表的村落研究，例如费孝通的江村研究、禄村研究，张之毅的易村、玉村研究，周大鸣的南景村研究，黄树民的林村研究，萧楼的夏村研究，王春光、项飙和王汉生的浙江村研究，阎云翔的下岬村研究，王铭铭的美法村研究等等。这些研究让我们对传统农村的工业化路径、农民特殊的商业网络及进城方式、村落在城市化浪潮中的终结、私人生活的变革等多个议题有了非常深入的了解。

然而，尽管个案或小型社区的研究非常深入细致，但这种研究方法也招致了国内外学者的质疑。总结来看，学者们的批评包括三个方面：一个方面的批评根源于民族学研究对象的变化，这种变化使得过往的研究方法出现问题；另一方面的批评来源于个案研究方法的代表性批评；第三方面的批评来源于对个案或小型社区研究规范性的质疑。

传统民族学研究的是小规模、无文字的族群，研究对象的单元之间同质性强。对这种群体的研究要通过局内人视角的近距离观察，通过比较长时间的观察和访谈，记录和参与其日常生活，并据此对其进行分门别类的详细描述，进而开展定性的分析和解释。然而，随着民族学研究对象从初民社会转向现代社会，传统封闭的村落或部落社会

---

[1] 马林诺夫斯基：《西太平洋上的航海者》，北京：华夏出版社2002年版，第1—2页。

## 第七章
从单一走向多元：民族研究方法创新的构想

越来越开放，越来越城镇化，异质性程度越来越高，面临的问题也越来越复杂。小社区不是社会的缩影，仅仅运用小社区调查研究法，不可能整体地理解历史悠久、分化复杂的社会；对小地方的描述难以反映大社会的情况[1]。

对这种研究方法的第二个批评则更加致命，涉及个案研究的代表性问题。利奇在评论《江村经济》时指出："中国这样广大的国家，个别社区的微型研究能否概括中国国情呢？"弗里德曼也指出："以一个社区个案来反映中国社会现实，便利固然便利，却不利于对中国社会的总体把握……也就是说，中国有几十万的农村，怎能只用一个农村如江村、黄村和台头村来代表呢？"[2] 这些批评质疑传统的微型区域研究对于异质性的文明社会的适用性。他们不认为以费孝通为代表的小型农村社区研究能达到认识整个中国的目的，因为这种研究方法忽略了中国社会的异质性。费老也意识到村落研究中存在个案解释力的局限问题，从乡村工业的型式比较，到小城镇类型比较，再到农村区域发展的模式比较，他一直在探索乡村社区研究的现实类型比较方法，试图通过这种类型比较，走出村落个案的局限。[3]

然而，类型比较方法也存在诸多局限。李培林认为，这种现实类型的比较法不是抽象的理想类型，不具有超越个体经验的普遍解释力，也不是经过还原的原型，不具有历史寻根的意义。由于现实类型的无

---

[1] 王铭铭：《社会人类学与中国研究》，桂林：广西师范大学出版社 2005 年版，第 165—167 页；杨圣敏：《民族学如何进步——对学科发展道路的几点看法》，载《中央民族大学学报》（哲学社会科学版）2016 年第 6 期。

[2] Freedman M., "A Chinese Phase in Social Anthropology", *The British Journal of Sociology*, no.14（1963）：1—19.

[3] 费孝通：《社会调查自白》，上海：上海人民出版社 2009 年版，第 34—36 页。

认识论、研究议题和方法创新：
论重建民族学

数多样性，因此最后的分类需要某些简单的标准，但这样一来就会发现，所谓的类型只是某个方面更加突出而已，类型之间的共性多于它们之间的不同[1]。另外，类型的划分无论是基于特定的研究问题还是既有个案的提炼，都容易形成先入为主的偏见，甚至出现同义反复，即就个案中的特定发现来分类，再反过来用这种分类界定特定个案[2]。而且，从这种方法出发，总体中类型的种类以及各种类似所占的比例仍然无法得知，无法从推论的角度解决代表性问题。

研究者们还从解释人类学的个案间与个案内概括、反思社会学的扩展个案法等多个角度对此问题进行回应[3]。特别是布诺维发展的扩展个案法，被认为是走出个案研究的经典方法[4]。这种方法将宏观的权力结构、国家、世界历史背景等因素纳入微观的分析，从而理解微观处境如何被宏大结构所塑造。但正如弗里曼的批评一样，这种试图在个案中通过理论和宏观拓展阐明整体，同样不能克服异质性问题。如果我们承认个案之间具有异质性，那么不同个案与宏观力量的联系也存在差别，借助理论和宏观力量对个案研究的结论进行扩展，也无法阐明整体。

对这类方法第三个批评则来源于对其操作过程规范性的批评，同时包含对研究结果的真实性与客观性的质疑。例如，民族研究者自身政治观点对研究真实性和客观性的妨碍；民族志中过多的修辞，学者

---

1 李培林：《村落的终结：羊城村的故事》，上海：商务印书馆 2010 年版，第 8 页。
2 王富伟：《个案研究的意义和限度——基于知识的增长》，载《社会学研究》2012 年第 5 期。
3 Burawoy M.,"The Extended Case Method", *Sociological Theory*, no.16 (1998):4—33. 格尔茨：《文化的解释》，韩莉译，南京：译林出版社 1999 年版，第 23—27 页。
4 卢晖临、李雪：《如何走出个案——从个案研究到扩展个案研究》，载《中国社会科学》2007 年第 1 期。

的一言堂等破坏了研究的真实性和客观性[1];对异民族语言的不够充分理解,参与式观察的不充分导致研究者不了解被调查者的真实情况,通过主观臆断和创造制造民族志,限制了民族志的可靠性和科学性[2]。马林洛夫斯基的秘密日记显示,人类学家并不具备变色龙般的移情能力来游刃有余地收集信息。研究者的直接参与和科学观察之间很难找到平衡点,参与观察法因而是一种自相矛盾而且无法实现的原则[3]。而学术史上著名的"米德—弗里曼之争"则激起了民族学内部对民族志的科学性与可靠性、理论假设的位置、重复性研究的可能性和必要性等问题的大讨论[4]。

民族学传统中个案或小型社区研究的局限在国际国内的民族学中均被反思,但民族学研究方法的具体出路在哪里,大家都在探索。本文结合民族学的目标定位,从社会科学研究方法体系出发,提供了一种从单一走向多元方法的探索构想。

## 二、问题导向的理论构建:民族研究方法创新的目标与原则

民族学研究的目标是增强我们对民族相关问题的认识和理解,这种认识和理解的基础是对现象的准确描述,而对现象发生原因的正确解释正是这些认识和理解的关键。为了认识和理解,我们需要理论,

---

1 高丙中:《民族志科学范式的奠定及其反思》,载《思想战线》2005年第1期,第75—81页。
2 杨圣敏:《民族学如何进步——对学科发展道路的几点看法》,载《中央民族大学学报》(哲学社会科学版)2016年第6期。
3 马力罗:《民族学与人类学方法论研究》,北京:知识产权出版社2018年版,第63—65页。
4 张丽梅、胡鸿保:《米德·弗里曼·萨摩亚——兼论人类学田野调查与民族志写作》,载《北方民族大学学报》(哲学社会科学版)2009年第2期。

认识论、研究议题和方法创新：
论重建民族学

只有通过理论化的过程，我们才能提炼认识，累积知识，才能更好地理解我们的世界。

然而，过往的研究处理理论和资料之间的关系存在几种极端方式：一种被称为生搬硬套式的理论移植，将中国作为西方原创理论的试验场。另一种则走向另一个极端——专注于问题解决，对层出不穷的社会变化的即时应对或者居高临下的姿态做出的不痛不痒的政策建议。在过往的研究反思中，杨圣敏对前者做了大量的批评，而赵旭东则分析了社会学科"实用性格"的传统与费孝通晚年的反思[1]。

杨的文章将研究分为理论导向和问题导向两种类型。他将理论导向的研究概括为将既有的理论作为工具，作为解释性框架，一方面通过既有的理论工具对现实进行解释，另一方面将中国作为试验场对国外的原创理论进行验证。他批评了理论导向忽视中国社会的焦点问题，照搬西方的理论来对中国现实进行解释。他认为民族学的研究应该是问题导向，通过对社会现象或事物真相的调查，由表及里的观察，分析事物的真相，总结事物发生的原因，在此基础上发现同类问题的因果规律，通过积累上升为理论的阐述。赵的文章则认为，实用性研究的取向，尽管结合了中国实际，但是其在理论深度上并没有真正得到提升，其借用的解释性资源依旧是西方既有社会学教科书层次上的那些与中国实际相去甚远的理论和方法。长期缺乏理论创建下的实用研究，造成的一个直接后果就是真正的理论反思几乎处于一片空白之中。那些从实地调查积累起来的社会学数据和资料，仅仅具有未来历史学

---

[1] 赵旭东：《超越社会学既有传统——对费孝通晚年社会学方法论思考的再思考》，载《中国社会科学》2010年第6期；杨圣敏：《民族学如何进步——对学科发展道路的几点看法》，载《中央民族大学学报》（哲学社会科学版）2016年第6期。

# 第七章
## 从单一走向多元：民族研究方法创新的构想

家眼中的史料价值，并没有推动社会学理论的创建、累积和发展。

从文章论述看，杨的文章并不是强调实用研究，或与理论导向相对的政策导向研究，而是处处强调通过对社会焦点问题的研究建立中国自己的理论工具，从问题中总结理论。而赵的文章同样强调了基于中国现实的理论创建与反思。本文基本认同两人的观点，民族学以处于不同社会发展阶段的氏族、部落、部族、民族等族体为研究对象，探讨与民族身份相关的社会问题，这类问题与特定地区的政治经济文化水平和历史发展背景息息相关。民族现象的影响因素相当复杂，不同的历史时空情境下社会现象的影响因素存在较大的差异，对其进行解释的概念工具，理论工具必然存在较大的差异。对中国民族现象的研究，要有选择地借鉴国外已经成型的理论工具，同时更要基于我国民族社会的现状，发展自己的概念和理论工具。例如传统的民族学／人类学以殖民地整个族群为研究对象，通过对初民社会的研究观照自身的发展历程。因此发展出进化论、功能论和传播论等理论视角。尽管这些理论视角大大加深了我们对人类自身的认识，然而，随着民族社会的发展，民族内的异质性不断增强，民族问题越来越复杂，这种以整个族群为研究单位探讨文化演化的视角显然不适应现代社会。

作为以人为中心，以人类社会为论域的学术研究，社会科学的研究问题，无论是理论问题还是现实问题，实践问题抑或方法问题，都直接或间接地来源于社会生活，归根结底都是对社会生活中提出的问题直接或间接的解释。因此，社会生活中产生的没有给予系统回答或未有满意应答的问题就是人文社会科学的"真问题"[1]。但由于"问题导

---

[1] 何明：《问题意识与意识问题——人文社会科学问题的特征、来源与应答》，载《学术月刊》2008年第10期。

向"这个词容易被误认为等同于"政策导向"或"实用导向",本文将民族学研究的目标定义为"问题导向的理论构建"。这种研究取向以中国社会民族相关的核心问题为出发点,通过问题现状的清晰描述,深入分析,归纳总结,拿出对中国问题的系统理论工具。其首要目的是分析和解释我国社会中的重大焦点问题,了解事物的真相;其最终目的在于通过对问题及其发生原因的分析和总结,发展适合中国社会的概念和理论工具。

将"问题导向的理论构建"作为民族学研究方法创新的目标,要求民族学的研究方法符合社会科学规范的研究逻辑。华莱士将社会科学的研究逻辑形象地概括为"科学环"。科学环的一半是从问题出发,通过观察和归纳,发现社会现象的发展逻辑,从研究资料中归纳形成概念,理清概念之间的关系,形成新的理论。科学环的另一半是对创建的理论进行检验及演绎发展,通过演绎形成假设,用实证资料进行验证[1]。通过对问题的深入分析而发展概念和理论,再对新的理论演绎出的相关假设进行验证,两个过程不断循环,不断提高对我国民族现象的认识,推动适合中国民族学的理论工具的发展。构建概念与理论工具和对形成的概念与理论进行验证,两个过程是相继发生的。但由于目前我国民族学相关的概念和理论工具不够,当务之急一方面要积极探讨国外已有的概念和理论工具在中国社会的研究效度,在我国民族现状的基础上进行改良。另一方面要加强对民族现象的认识程度,积极建构自己的概念和理论。

将"问题导向的理论构建"作为民族学研究方法创新的目标,要求民族学的研究方法从单一的个案研究走向多元的研究体系。社会科

---

[1] 参见袁方:《社会研究方法》,北京:北京大学出版社1997年版,第92—93页。

学的研究体系从大的方面来讲包括定量研究与定性研究两个类别，从具体的研究方式来说又包括实地研究、抽样调查研究、文献研究和实验研究四种[1]，民族学传统的实地研究只是四种研究方式之一。尽管有人说田野调查是民族学／人类学的成年礼，但它绝不是民族学研究的唯一方式。从民族学／人类学方法的发展历程来看，早期的民族研究者正是从其他学科借鉴了"实地研究""特定区域研究""谱系法"等多种研究工具，推动了民族学研究方法的发展[2]。而今随着民族问题的复杂化，明知传统的研究方法存在种种局限而固守传统显然不可取。

以问题为导向，就是要灵活采用最适合于清晰描述现象的现状及其发生原因方法开展研究。例如，当我们想要对不同民族在社会资源占有上的差异展开分析时，由于民族分布在非常多的异质性的社区，以单个的社区研究方法对此进行研究显然无法把握这些异质性。这时候借鉴抽样调查方法，以社会分层的相关概念和测量指标对此开展研究更加适合。因此，民族学的研究要在传统实地研究的基础上增加新的研究工具，并根据实际情况灵活运用最适合的研究工具。

## 三、增加工具：民族研究方法创新的路径

将社会学的抽样调查，及对数据的量化统计分析方法引入民族学，在 1990 年代就在民族学中得到了提倡[3]。然而 20 多年过去了，抽样调

---

1 风笑天：《社会学研究方法》（第 5 版），北京：中国人民大学出版社 2018 年版，第 92—93 页。
2 马力罗：《民族学与人类学方法论研究》，北京：知识产权出版社 2018 年版，第 40—44 页。
3 白振声、宋蜀华：《民族学理论与方法》，北京：中央民族大学出版社 2019 年版，第 331—335 页。

查与定量研究方法在民族学中并没有得到充分的发展。究其原因，笔者认为存在两个方面的因素：一个原因是缺乏民族议题相关的大规模的、有代表性的抽样调查；另一个原因是民族学相关的概念及其操作化工具不清晰、不成熟。前者使得我们难以分析社会现象整体的状况、分类及其结构性差异；后者使得民族研究难以分析检验概念与概念之间，现象与现象之间的联系，对相关理论进行检验。因此，本文认为民族学研究方法要从单一走向多元，首先应该增加的工具是大规模抽样调查及概念操作化工具。

大规模抽样调查数据是研究的重要工具，对克服民族学传统的个案或小型社区研究方法的局限具有重要作用。第一，大规模抽样调查数据对了解异质性的总体的状况具有不可替代的作用，例如有关学者通过大规模的抽样调查数据了解民族分层及其影响因素[1]，这类研究采用个案或小型社区研究很难实现。第二，大规模的抽样调查数据有助于定性研究的开展。马戎曾在论述社区类型划分的时候谈到，可以利用大规模的、有代表性的数据分析总体中有哪些社区类型，各种类型的比例，从而对个案的社区研究的代表性进行评估[2]。第三，大规模抽样调查数据有助于可重复的、可验证的研究的开展。大家使用相同的数据、相同的分析方法，便可以对别人的研究进行复制，通过重复的研究增强研究的可靠性。当前，社会学、经济学和政治学等学科均在

---

[1] 马忠才：《族际教育分层及其影响因素：新疆维吾尔族与汉族的比较研究》，载《西北民族研究》2016年第3期；Tang, W., Y. Hu and S. Jin, "Affirmative Inaction: Education, Language Proficiency, and Socioeconomic Attainment among China's Uyghur Minority", *Chinese Sociological Review*, no.48 (4), (2016): 346—366。

[2] 马戎：《社区调查与中国社会学的"本土化"——纪念费孝通教授逝世7周年》，载《青海民族研究》2012年第3期。

大力发展全国性的大规模调查数据,与它们相比,当前民族学急需以民族议题为主题的大规模抽样调查数据的建设。

其次,民族学急需增加本土化的界定清晰的概念及其公认的概念操作化标准。概念在社会科学中非常重要,只有通过合适的操作化,研究者用于构建理论大厦的各种基本变量,人们头脑中的各种意识和概念,才会在人们看得见、摸得着的现实社会中显现出来。也只有通过操作化,理论才得以获得经验现实的检验,对理论进行检验才成为可能。由于我国民族学的定量研究发展比较晚,概念大都从国外引入。同时又由于民族学／人类学偏向定性的概念较多,缺乏操作化标准。这些情况导致我国民族学的概念体系急需结合中国国情、结合我国民族的特点进行操作化定义,同时需要通过严格的研究对关键概念的不同的操作化方式进行对比分析,发展出合理的、学界公认的操作化标准。

除了引入传统的抽样调查研究中的概念操作化工具及大规模抽样调查数据方法,基于社会科学研究方法发展的最新发展趋势,本文认为民族学还能增加GIS分析、大数据及其分析、数字人文方法三个方面的工具。

地理信息系统(GIS)是一个将大量具有空间属性的信息汇集在一起进行存储、管理的可视化和分析的平台。目前GIS技术在人文地理、经济地理、社会学、历史学等众多学科获得广泛采用,但国内民族学相关的地理信息数据库建设还比较落后,采用这种方法开展的研究还不多。在国际上,有机构已经建立了全球族群分布数据库、全球族群语言分布数据库、全球宗教分布数据库等,这些地理信息数据库的建设对认识民族社会文化的状况具有重要的价值,值得民族学界学习。特别是，民族学的研究对象与具体的地理空间、地理生态环境息息相关，采用 GIS 技术开展研究具有较大的研究潜力。

民族学可以采取的另一个新工具是大数据及其分析技术。大数据是社会科学近年来研究的热点，大数据的出现使社会科学的研究对象、研究方式、研究结果的预测能力等发生了显著的改变，具有巨大的研究潜力。美国著名社会科学家，也是计算社会科学的旗帜性人物拉泽尔 2017 年从六个方向总结了大数据在社会科学领域的研究潜力[1]。其中，对大数据中的稀少隐藏群体展开研究对民族学特别有启发意义。民族学的研究对象大部分为少数民族，在整体的人群中所占比例太小，往往平常的抽样调查数据中所占的样本太少。但大数据使得平常少见的稀少群体数量也变得非常可观。例如有人通过对 Twitter 数据的文本分析，识别有自杀倾向和抑郁症状的群体，并对他们的特征展开分析[2]。

数字人文是近年来随着人文科学大数据的兴起而兴起的新领域。它也被称为人文计算，这个跨学科研究领域的学者来自图书馆情报学、计算机、语言学和传统的人文学科的学科结合，主要探讨的是如何采用数字文献以解答人文学术问题。目前已经有谷歌图书数据库、中国历代人物资料数据库、亚洲各国文档数据库等多个将海量的书籍、古籍电子文本化的数据库，这些文本数据库的出现为人文学科的发展提供了新的机会。

---

[1] David Lazer, Jason Radford, "Data ex Machina:Introduction to Big Data", *Annual Review of Sociology* (2017).
[2] Coppersmith G, Harman C, Dredze M., Measuring Post Traumatic Stress Disorder in Twitter. Proc.8th Int. AAAI Conf. *Weblogs Soc. Media*, (2014): 579—582.

对数字人文资料的分析，目前有两种途径，一种将数字化的文本当作检索工具，研究思路仍然是传统人文学科的分析与考据方法，清华大学黄一农教授称其为大数据时代的"e考据"[1]，即借助电子文本化的数据开展考据工作。这一派的观点认为，我们这个时代不缺乏材料，而是缺乏对材料的敏感度、解析力与整合力。研究需要的是构思可行性较高的解决问题的逻辑辩证能力。他们试图透过适当的搜索工具与方法，尝试从大数据中梳理出原本可能零碎甚至无机的材料，并利用专业知识来进行类似古陶复原的工作还原事实的原貌。

数字人文的另一派主要采用纯大数据的量化研究方法，通过以计算机"自然语言处理"为基础发展出的一系列文本分析方法展开研究。通过对文本进行分词，采用词频分析、文本相似性分析、主题模型等手段挖掘文本中包含的内容。这种方法目前社会学使用较多，例如有人利用谷歌图书大数据分析1949—2008年公共话语中的社会分层关注度、百年社会学的发展轨迹等[2]。民族学的相关议题同样可以借鉴此种方法进行探讨。

## 四、新的综合：民族研究的新方法

尽管有大量新的方法涌现，但我们认为民族学研究方法创新的新方向并不是放弃传统的实地研究，而是将实地研究与其他方式进行综合的多元发展方向。这种想法首先基于我们对民族学新方法探索的目

---

[1] 黄一农：《二重奏——红学与清史的对话》，北京：中华书局2015年版，第5—10页。
[2] 陈云松：《大数据中的百年社会学——基于百万书籍的文化影响力研究》，载《社会学研究》2015年第1期；柳建坤、陈云松：《公共话语中的社会分层关注度——基于书籍大数据的实证分析（1949—2008）》，载《社会学研究》2018年第4期。

标——"问题导向的理论建构"的思考。按照社会科学的研究逻辑，实地研究是概括实地经验，形成概念或理论工具的主要方法。在当前民族研究领域缺少对焦点问题进行解释的合适概念或理论工具的情况下，切不可放弃实地研究，放弃对实地经验的归纳和总结。

其次，从民族学的研究内容来看，民族学领域的研究既要描述民族的生活与文化风貌，展示本地人的生活，又要展示社会的基本结构，并在理论指导下探讨民族社会现象发展的规律，这种要求只有定性研究与定量研究结合才能做好。马林诺夫斯基在其经典研究中指出，好的民族志调查既要精确地描述民族社会的骨架，了解社会结构、规范和运行规则，又要有描绘现实生活的"血肉"[1]，随着民族学研究对象从初民社会转移到异质性更大的现代社会，对社会结构、运行规则的精确描述或验证需要大规模问卷调查、大数据等其他研究工具的加入。但大规模的问卷调查和纯粹的变量关系研究，往往遮蔽了有血有肉的现实生活，数据反映出来的社会事实欠缺丰满和质感。从生活到话语已经存在一层"遮蔽"，从话语到文本产生了又一层"遮蔽"。把生活感受转化为数据和数据之间的关系，有时就像把一道千姿百味的精美宴席，变成滋味单一的维生素或蛋白质。相对于统计分析的强有力工具，口述史和个案"深描"的永恒魅力，也许就在于它的"去蔽"能力[2]。

再次，从民族学的研究现状来看，民族研究的传统以定性研究为主，很多民族学领域的概念缺乏有效的操作化手段，量化研究不足，对一个界定不太精确的概念的操作化，往往首先需要通过定性研究弄清概念的内涵、类属，然后结合量化研究对操作化结果进行验证。另

---

[1] 马林诺夫斯基：《西太平洋上的航海者》，北京：华夏出版社2002年版，第13—15页。
[2] 李培林：《村落的终结——羊城村的故事》，上海：商务印书馆2010年版，第7页。

外，民族现象往往是多面的、多层次的、多视角的，有些概念到目前为止仍然很难量化，可用的数据不多，这时候往往需要多种形式的资料进行补充。采用定性与定量研究方法的结合，融合各种形式的材料与证据，整合多方面的视角才能对问题获得更透彻的认识。

最后，从研究的逻辑来看，定性研究与定量研究均只专注于"科学环"的半边，定性研究建构的理论是否能够得到验证？通过演绎并得到数据证明变量之间的关系，其发生或影响的机制是什么？这些问题通过定性与定量研究的结合能够得到解答。

具体的综合方式包括实地研究与抽样调查的综合、实地研究与大数据的结合、实地研究与GIS的结合等多种形式。多种研究方式包括几种综合方式，根据布莱曼的总结，过往采用混合研究设计包括三种类型：第一种类型，定量研究与定性研究结合是为了研究结论的相互确认。通过两种不同的方法，研究者在同一时间对同一主题开展研究，两种研究结果均确认了同样的研究发现。这种研究类型又被称为"三角验证设计"。例如朱迪通过抽样调查数据分析和个案访谈，发现了同样的城镇居民消费模式及其影响因素，定量数据分析结果与定性访谈结果相互印证，相互确认[1]。

第二种类型，两种方法的结合过程中，一种研究方法占据了主导作用，另外一种研究方法是支持性的、次要的，它的研究结果只是为了强化前一种研究方法得到的发现。这种研究设计被称为"嵌入式设计"。这种研究往往出现在一种研究方法的资料不充分，或由于研究问题的特点，使得只采用一种研究方法难以全面研究的情况。例如前

---

[1] 朱迪：《混合研究方法的方法论、研究策略及应用——以消费模式研究为例》，载《社会学研究》2012年第4期。

文提到的通过采用人口普查数据、抽样调查数据对个案式的社区研究结果的代表性进行判断，帮助其走出代表性的局限[1]，这便是比较典型的以定性研究为主导的混合研究方式。

第三种类型，被称为解释式设计。在这种研究设计中，定性研究和定量研究属于研究的不同阶段，前一阶段的研究结果作为后一阶段研究的基础。例如，通过大规模数据的聚类分析获得民族聚居的类型，然后通过定性研究分析不同聚居模式产生的原因。在民族议题及新方法的采用上，比较典型的是将实地调查与 GIS 结合的例子。例如，为了探讨不同山地民族长时期拓展及聚集的状况，分析其居住格局形成的原因，有研究者首先通过田野调查收集的档案资料、碑刻资料和访谈资料构建不同山地民族长时期的民族迁徙与空间演变数据库，然后结合 GIS 技术对不同民族迁移路线及其影响因素进行了量化分析[2]，这种综合的方法完美地达到了分析的目的。

另外，对某些之前操作化手段不明确的概念，建构新的操作化手段或工具时，往往会采用解释式的设计，先通过实地研究方法进一步明确概念的属性，依据这些属性进行问卷设计，通过调查检验操作化工具的效度与信度。

## 五、结语

回顾民族学／人类学整个学科发展历史，民族学研究方法的探索

---

[1] 马戎：《社区调查与中国社会学的"本土化"——纪念费孝通教授逝世 7 周年》，载《青海民族研究》2012 年第 3 期。
[2] 霍仁龙：《基于 GIS 的清代以来西南山地民族分布演变研究——以云南省禄劝县掌鸠河流域为例的考察》，载《四川大学学报》（哲学社会科学版）2019 年第 3 期。

从未停歇。然而，随着民族学研究对象的转变，自20世纪20年代奠定的个案或小型社区研究范式在现代社会遇到诸多问题，引发了对其适用性、代表性及研究过程规范性的反思与争议。民族学研究方法具体的出路仍然处在探索之中。

本文将民族学的目标定位为"问题导向的理论构建"，在该目标下，民族学应该聚焦中国社会中民族相关的焦点问题，通过对社会现象或事物真相的调查，由表及里的观察，分析事物的真相，总结事物发生的原因，在此基础上发现同类问题的因果规律，形成有生命力的概念或理论的阐述。面对异质性社会越来越复杂的民族现象，传统的个案或小型社区研究方式越来越吃力，民族学的研究方法应该从单一走向多元。民族学的研究方法应该从社会科学研究方法体系中吸收实地研究之外的抽样调查方法、实验方法，增加大规模抽样调查、概念操作化标准、GIS、大数据及其分析手段等多种工具，结合研究的问题与现象的复杂程度，综合运用多种方法与手段。

建立有助于解释中国社会焦点问题，适合中国社会民族特征的概念与理论工具，成为当前民族学的当务之急，这需要定性的实地研究。对异质性的、复杂的民族问题展开分析，现有的界定不清晰的概念进行操作化，或者对其在中国社会的效度进行检验，需要多种定量研究手段的运用。因此，当前民族学既需要能理清事物发生机制，有建构理论雄心的实地研究，又需要能分析异质社会的全貌，建立概念操作化工具，对相关理论进行验证的定量研究。在研究方法、研究工具不断丰富的当下，民族学方法需要走出单一走向多元，在传统实地研究基础上对其他研究方法进行新的综合，这任重道远，但前景壮阔。

# 第八章
# 区域研究视野的"佐米亚"
——兼论跨区域、跨族群和跨社会之间
相互关系研究的可能性

自马林诺夫斯基（B.K.Malinowski）、博厄斯（F.Boas）等人发展出以田野调查为支点的现代人类学之后，无论是侧重于人类文化演进历程及其比较的进化论，还是关注不同区域、不同文明的相关性的传播论，宏观研究几乎全被人类学所抛弃。其后，雷德菲尔德（R. Redfield）提出的"俗民社会"（folk society）概念及其"乡村—城市连续体"框架和不同国家的多个社区的研究、怀特（L.A. White）和斯图尔德（J. H. Steward）等的文化与环境关系的研究及"文化科学"（Culturology）的创建、默多克（G.P. Murdock）创建人类关系区域档案和跨文化比较法、本尼迪克特（R. Benedict）和米德（M. Mead）等发展出来的国民性格研究等对于社区和小型社会研究有所突破，但终因被"自主、自制、自证的社会与文化概念"[1]所制

---

[1] [美] 埃里克·沃尔夫著：《欧洲与没有历史的人民》，赵丙祥、刘传珠、杨玉静译，上海：上海世纪出版集团2006年版，第26页。

认识论、研究议题和方法创新：
论重建民族学

约而未能突破"超级微观的世界界限"[1]的藩篱。直到 20 世纪 50 年代以后，一些人类学家开始摆脱把研究对象视为与外界没有关联的"孤岛"式研究路径的依赖，并借助西方马克思主义热潮的影响，逐渐出现各种超越社区、超越区域、超越族群和超越社会的理论构想和研究范式。其中，第一种模式是超越社区。即把社区置于民族国家形成和社会转型的过程之中进行分析，如韦格利（C. Wagley）和哈里斯（M. Harris）的"亚文化"研究、沃尔夫（E.R.Wolf）的"结构类型学"和政治经济体系分析框架，先发展出"社区—国家模型"，之后发展出超越社区边界的社会结构分析方法"联结法"（articulation），揭示出社区与国家及外部世界的关联。第二种模式是区域研究。施坚雅（G.W. Skinner）应用区位理论（locational theory）分析中国区域社会结构及其变迁，指出以自然村落为研究单位的范式歪曲了中国农村社会结构的实际，农民生活于其中的自给自足的区域社会不是村庄而是基层市场社区，农民的社会交往区域范围并非其所居住的村庄而是周期性赴会的农村集市[2]。第三种模式是族际研究。20 世纪 50 年代人类学界出现"多元社会"（plural-society）的论述，并呈现共存于国家社会中的族群的多样性，其中最具影响力的理论是挪威人类学家巴斯（Frederik Barth）提出的"族群边界"（ethnic boundary）理论。他摒弃了把族群实体化的方法和从某一特定族群本身来讨论其认同问题，而是从不同族群之间的互动为中心讨论族群认同及其边界。而跨越社区、族群、社会和区域的研究范式尚未出现。在中国，20 世

---

[1] [美]埃里克·沃尔夫著：《欧洲与没有历史的人民》，赵丙祥、刘传珠、杨玉静译，上海：上海世纪出版集团 2006 年版，第 21 页。
[2] [美]施坚雅著：《中国农村的市场和社会结构》，史建云等译，北京：中国社会科学出版社 1998 年版，第 50 页。

纪80年代以来，在费孝通等先生的倡导下，中国人类学和民族学界逐渐超越了社区研究范式，开始兴起以"民族走廊"为标志的区域研究，但其方法论意义的范式尚未形成。而在"一带一路"倡议的背景下，跨区域甚至跨国界的人类学和民族学研究显得越来越重要。

为此，讨论近年来进入人类学视野的新概念"佐米亚"（Zomia）或许可以获得超越族别、区域研究的跨区域和跨国界研究的些许启示。"佐米亚"概念首先由荷兰历史学家申德尔（Willem Van Schendel）借自印、孟、缅边境山地的钦—米佐—库基（Chin-Mizo-Kuki）语中的"Zomia"一词，"Zo"为"山"之意，"Mia"为"人"之意，合起来专指居住在那一带的山民，后经由斯科特（James C. Scott）《逃避统治的艺术》一书从"国家效应"的视角进行了历史人类学的建构。他们的研究引起了学界的广泛关注，成为跨区域研究的一个热点，为人文社会科学提供了一个想象的区域空间与学术空间。"佐米亚"这个概念虽然基于一种跨区域的比较研究，但将其置于区域研究的范畴内加以审视时，我们可以发现，它本质上仍然是一个区域性的概念。斯科特通过"国家效应"的视角旁征博引地建构起一个超越人类学传统研究地域空间的"佐米亚"空间，把一切游离于国家统治之外的人类群体生存的空间视为由逃避国家与阻止国家形成的人类群体所建立起来的"非国家空间"，从而有意识地把人类群体生存的空间简单地建构成国家空间与非国家空间，这实际上也是一种区域研究，只是它属于一种抽离具象文化的极端建构主义。本文将通过回顾区域研究的一般过程，把斯科特的"佐米亚"概念置于区域研究的视野中，对这个概念的来源、指涉的区域、切入的视角、效用的范围等方面进行深入分析，并指出它存在的局限性与其开创的前景。

认识论、研究议题和方法创新：
论重建民族学

## 一、"佐米亚"缘起

探讨一个人类文化事项，首先得给予它一个概念加以指涉，并加以探讨，而这样的概念往往采借自某些地方性的人类群体，然后将这种地方性知识推而广之，从而逐渐被相关的学科领域广泛地使用。[1]"佐米亚"（Zomia）最初就是这么一个用来考察与分析一个特定人类群体生存空间的概念。这个概念源于一个十分地方化的区域，它位于印度、孟加拉与缅甸三国交界的讲钦—米佐—库基（Chin-Mizo-Kuki）语的米佐语（Mizo）。这个概念最初是由荷兰历史学家申德尔于2002年在《环境与规划D：社会与空间》第20卷里提出来的。以东南亚为例，人们可以从三种主要方式来理解一个学术区域：作为一个地方的区域、作为一个知识生产点的区域以及作为一个跨国学术研究专业群体（a career machine）[2]。无论把东南亚看作一个社会空间还是一个物理空间（physical space），这个区域的地理界线仍然存在极大的争议：这里的各个文明体、各种语言，还有各种宗教信仰并不相互重合，也不与当代绝大部分东南亚研究者所借用来探索知识的空间界限相重合。[3]另一种思考一个区域的方式类似于文化区的研究，就是把它当作一个象

---

[1] 源于地方性知识而又被学界广为流传使用的此类概念有来自西伯利亚民族的"萨满"（Shaman）、源自阿拉斯加的"夸富宴"（potlach）、源自波利尼西亚表示交易行为及其象征意义的"库拉圈"（Kula Ring）、源自中国社会文化情境的"人情"（renqing）、"关系"（guanxi）等。

[2] Willem van Schendel, "Geographies of Knowing, Geographies of Ignorance: Jumping Scale in Southeast Asiain", *Environment and Planning D: Society and Space*, (2002).

[3] Willem van Schendel, "Geographies of Knowing, Geographies of Ignorance: Jumping Scale in Southeast Asiain", *Environment and Planning D: Society and Space*, (2002).

征性的空间（symbolic space），亦即当作一个理论性知识生产的场域而不只是作为一种专门的知识。

申德尔引用格里戈里（Gregory）的论述认为，建构人类活动发生于其中的空间一直充满了争议，关于这类社会空间、地理认知（geographic knowing）的知识生产也同样充满争议；区域研究建构领域的空间隐喻显得非常重要，所以对这些社会空间的视角化一定得仔细考虑。申德尔继续论述道，在过去半个世纪中，区域划分不但影响了我们，也影响了地图制图人员——那些地图册常常冠名为"东南亚地图""南亚地图"。那些明显形象化的地图不仅呈现了区域性腹地地区也呈现了边缘地区，但世界上的有些地方总是被从地图上删掉了，消失在两页图版上，或显示得像昆虫一样很不显眼。这样，制图的方便性强化了等级性的空间意识，突出了我们这个星球上的某些地区，却把其他地区置于阴影区。印度、孟加拉国、缅甸交界地区，缅北地区、中国云南、中国西藏与缅甸、印度交界地区就是这样的区域，这些地区往往被分割在以不同视角划分的区域研究之中：南亚、西亚、中亚、东南亚、东亚等。它们连接各个区域核心却常常又被边缘化于各个区域中心的边缘地区。一个地点有时可能被撕裂而分属于不同的区域研究领域。正是区域研究的结构导致了一些地区和某类知识的边缘化现象[1]。显然，区域的研究的局限性限制了人们将人类生存的空间视为一个连续性的空间，相反，它把本来连续的空间按照某种学术需要或规范进行了条块化的分割，形成了所谓的"区域研究"。

---

[1] Willem van Schendel, "Geographies of Knowing, Geographies of Ignorance: Jumping Scale in Southeast Asiain", *Environment and Planning D: Society and Space*, Vol.20 (2002).

鉴于此，在探讨了区域研究的特点和标准之后，申德尔提出了一个指涉这个跨越以往区域研究边界的跨区域概念，并"把这个跨越当前四个学术区域标准的地区（东亚、东南亚、南亚、中亚——笔者注）命名为'佐米亚'(Zomia)"。[1] "米佐"(Mizo)又可写作"Zomi"，"Zo"为山地或遥远的地方之意，"Mi"为人的意思，合起来就是"山民"或"居住在遥远地方的人"。这个概念源自生活在印缅边境山地的钦人所使用的语言"钦—米佐—库基"语，语言学家将这个语群划归藏缅语族的语言。[2]

## 二、"佐米亚"的变化

"佐米亚"的概念被提出来以后，这个概念在地理学、历史地理学与其他社会科学研究领域成为一个比较受欢迎的词，也成为一个充满争议的概念。它所指涉的范围也随着学界对这个概念探讨的不断深入而发生着变化；其所指涉范围的变化同时也是"佐米亚"这个概念不断发展变化的过程。

这一时期欧洲地理学界、政治学界越来越把学术研究的焦点转移到所谓处于人类文明边缘的地带，来反思西方社会科学领域内的各种中心主义，尤其是以萨义德为主的东方主义拉开了批判西方以欧洲

---

[1] Willem van Schendel, "Geographies of Knowing, Geographies of Ignorance: Jumping Scale in Southeast Asiain", *Environment and Planning D: Society and Space*, (2002).

[2] Willem van Schendel, "Geographies of Knowing, Geographies of Ignorance: Jumping Scale in Southeast Asiain", *Environment and Planning D: Society and Space*, (2002).

# 第八章
## 区域研究视野的"佐米亚"

文明为中心来任意划分人类社会文化区域的做法,掀起了对传统区域研究的反思热潮。自第二次世界大战结束以后,以人类学为主的一些学科尤其关注地方知识的主体性,提倡从本地人的视野来认识所涉及的人类群体及其社会文化。虽然此前就已经出现了亚洲高地(Huate-Asie,High Asia)一类描述高地社会的概念[1],但高地社会的社会文化特征并没有得到很好的概括与描述。

20世纪80年代,一个驻尼泊尔的名叫国际山地整体发展中心的组织提出将"兴都库什喜马拉雅地区"(Hindu Kushi-Himalayan Region)作为一个区域来看待,当时使用这么一张地图,其目的更多的是出于信息交流的需要而不是出于学术研究的需要,也没有引起太多的学术讨论,但它作为"佐米亚"的前身而引起我们的兴趣[2]。受此启发,接着就出现了诸如荷兰学者申德尔的"佐米亚"一类超越地域的概念。

"佐米亚"作为一个极具地方性特征的概念,源自位于印度东北部、孟加拉国东部与缅甸西北部三国交界的山地社会的民族语群:钦—米佐—库基(Chin-Mizo-Kuki)语。这是一个只限于钦人山区(Chin Hills)本地区使用的十分地方化的概念,除了钦人山区,没有其他族群的人使用这个概念。它被当地人用来专门作为指称那个山地区域以及生活在那个区域的山地人的名称。这个概念本来并不具备用来指称更大规模地域范围的能指性,但它的含义:山民、山地社会,使它具有了一定的人类社会文化意义上的空间指向性,也就具有了一

---

[1] 此类概念除了法国社会科学界的亚洲高地(Huate-Asie, High Asia)外,还有后来英国人类学家埃德蒙-利奇用以描述缅甸高地的缅甸高地(Highland Burma)等。
[2] Jean Michaud, "Editorial-Zomia and beyond", *Journal of Global History*, Vol.5 (2010):199 @London School of Economics and Political Sciences (2010).

认识论、研究议题和方法创新：
论重建民族学

定的引申意义：山地、山地社会、山民、高地、高地社会等。申德尔早期的研究工作主要涉及孟加拉国东部吉大港山区（Chittagong Hill Tract）[1]。他在钦人山区做调查的时候，注意到"佐米亚"这个词特殊而普遍的含义，就用它来指称更大规模范围的人类活动空间。在申德尔看来，传统的区域研究把本来属于一个地区的区域划分在四个不同的区域：东亚、南亚、东南亚、中亚。他面对的就是这么一个同时属于四个区域又不属于单一区域的地理空间。对于他来说，这是一个没有名字的地区，姑且称之为"佐米亚"，山地社会。存在于这个区域的共同的理念、相互联系的生活方式与持久的文化纽带具有多面性。包括语言的系属关系（比如，都是藏缅语族语言），宗教的相似性（除了佛教和基督教等宗教外，都是地方社区信仰体系），相似的文化特征（比如，亲属制度、族群分散聚居区），古老的贸易网络，还有相似的生态条件（比如，都是山地农业）。从地理空间的角度来看，正适合放在传统区域研究的范畴里。过去，"佐米亚"是一些诸如南诏、吐蕃、阿洪（Ahom）等政权形成的中心，而现在这个区域的政治特征就是政权的边缘地带。虽然不具备一个令人满意的大陆或次大陆的形态，但是"佐米亚"可以看作是一个独特的地理区域，一个研究的对象，一个世界的区域[2]。显然，申德尔在用一个具有地方特征的概念构建"佐

---

1 Geoffrey Samuel (Cardiff University and University of Sydney), "Zomia": New Constructions of the Southeast Asian Highlands and Their Tibetan Implications, a paper copied by "The First Summer Lecture on Crtical Literature of Trans-Himalayan Studies" on pp.145 of 670, by Yunnan Minzu University (YMU), Kunming, Yunnan Province, China, (July 2015):13—17.
2 Willem van Schendel, "Geographies of Knowing, Geographies of Ignorance: Jumping Scale in Southeast Asiain", *Environment and Planning D: Society and Space*, Vol.20 (2002).

米亚"区域的时候,他的建构活动依然局限于传统区域研究的思维范式,仍然在为了建构一个研究对象而寻找划分某个区域的共同标准。在他看来,虽然有利奇(Edmund R.Leach)、莱曼(F.K.Lehman)等把这个区域的亲属制度、政治结构、族群认同和生态系统等都进行了理论建构,但都没有建立起一个"佐米亚"的视角;不过他们的研究和安第斯高地研究相比较,足以形成这样一个理论问题的基础。他提出:既然海洋能激发学者们形成布罗代尔式的世界区域理论,为什么世界上最大的山脉区域就不能形成相似的区域理论呢?[1]申德尔是在为构建一个类似基于海洋的布罗代尔式的世界区域而努力,而且他觉得山地社会是可以独立成为一个研究对象的,这一点,从他对"佐米亚"的思考可以看得出来,他认为"'佐米亚'并不是一个区域"[2],言下之意,他是在建构一个超区域的区域。

区域研究并不会因为提出像"佐米亚"这样一个跨越区域的概念而失去其研究价值,但其局限性也是显而易见的,也是需要得到不断的修正与发展。第二次世界大战以后,旧有的区域格局视野已经发生了巨大的变化。随着全球化的不断深入,使得我们需要重新想象不断出现的国家与全球之间的空间分布新情况。要构建一个超越传统区域视野的区域,我们的研究方法自然就不能只局限于寻找传统划分文化区的文化特征主义(Cultural Traitism),或者说,文化核

---

[1] Willem van Schendel, "Geographies of Knowing, Geographies of Ignorance: Jumping Scale in Southeast Asiain," *Environment and Planning D : Society and Space*, Vol.20 (2002).

[2] Willem van Schendel, "Geographies of Knowing, Geographies of Ignorance: Jumping Scale in Southeast Asiain," *Environment and Planning D : Society and Space*, Vol.20 (2002).

认识论、研究议题和方法创新：
论重建民族学

(Core of Culture)，而是应该找寻使这个超区域成为一个跨区域研究对象的诸因素。申德尔已经注意到这一点。所以，他提出我们应该从传统研究那种找寻共同文化特质区域划分标准的特征地理学（Trait Geography）过渡到过程地理学（Process Geography）上来，并提出了三个建议：首先，构建跨越传统区域的区域研究视野。这是一种具有创新性的做法，因为它把目前学术研究中仍处于边缘和碎片化的空间与社会习俗放到一块儿进行研究；其次，寻找不是基于完整地理单元的空间分布模式，对边境地区的研究给我们提供了一个具有连续性物质空间的全球网络，它有明显的社会分布状况但没有核心区域；最后，捕捉那些不易观察到却呈空间分布状态的跨国流动过程：这种流动性其大小、密集度与复杂性都在发生变化，而且有时表现为剧烈的变迁[1]。这些建议是建立在申德尔对东南亚地区历史与现实的观察之上的。传统的区域研究割裂了区域之间的联系，把本来就存在的主要以各种贸易通道为载体的物质流动与生存空间竞争或策略性选择而引起的人口流动或族群互动忽略不计，为区域而区域，并没有把存在于更大范围内的人类活动放到一起来进行考察与研究，从而忽视了某个地区普遍存在的社会、文化、经济与历史过程，以及它们之间的相互联系。这种切断过程与联系而只注重文化特征的传统区域研究视角，显然没有办法比较全面地解释东南亚高地为例的"佐米亚"区域的人类社会文化现象。这也是为什么申德尔建议构建一个注重过程与联系的超越区域的"佐米亚"概念的原因所在。

---

1 Willem van Schendel, "Geographies of Knowing, Geographies of Ignorance: Jumping Scale in Southeast Asiain", *Environment and Planning D: Society and Space*, Vol.20 (2002).

## 第八章
## 区域研究视野的"佐米亚"

申德尔修正了他的"佐米亚"范围,将其视野扩大到了从西边的克什米尔阿富汗、巴基斯坦中经尼泊尔、不丹、锡金、印度北部及东北部、孟加拉国东部、缅甸北部到喜马拉雅东南缘的中国西藏、云南、贵州、四川、广西西北部,也包括东南亚的泰国、老挝、越南等区域的高地社会[1]。这个后来被米肖(Jean Michaud)称为"大佐米亚"(Zomia+)的跨区域远远超越了申德尔最初使用这个概念时所指涉的范围[2]。这表明申德尔真正地超越了传统区域的研究的局限性,已经不再把注意力放在对文化同质性的探讨上,采用了一个宏观的、历史的、政治科学的视角,而不再受限于人类学家或人文地理学家们关注的具体的文化特征,因而它作为一个前后一致的社会科学研究单元的操作性遭到了质疑[3]。这也就意味着,这个超区域内的语言系属、宗教体系、社会组织形式、人类迁徙模式、来自区域外的影响等方面,将没有办法再用传统区域研究的模式展开研究。申德尔的"佐米亚"是一个跨区域、跨国界的地理单元。它所指涉的区域跨越传统区域研究对象,处在跨区域、跨族群、跨文化、跨民族国家边界的地理位置下。

在理解申德尔的"佐米亚"概念所涉及的地域范围时,让·米肖说道:

---

[1] Willem van Schendel, "Geographies of Knowing, Geographies of Ignorance:Jumping Scale in Southeast Asiain", *Environment and Planning D: Society and Space*, Vol.20 (2002):653, 647—668.

[2] Jean Michaud, "Editorial-Zomia and Beyond", *Journal of Global History*, Vol.5, 2010, pp.203 @London School of Economics and Political Sciences 2010.

[3] Jean Michaud, "Editorial-Zomia and beyond", *Journal of Global History*, Vol.5 (2010):203 @London School of Economics and Political Sciences 2010.

认识论、研究议题和方法创新：
论重建民族学

在某种程度上，我理解范·申德尔主张一个大佐米亚项目以及赋予它的宏观地理形态逻辑，它所包括的巨大的社会多样性排除了任何结论性的文化评估。基于地方与地区性历史，巴基斯坦游牧的巴坦人、克什米尔古加尔牧民、中尼边境的夏尔巴农民、西藏西部的牧民、缅印边境上的园艺者钦人、滇中的彝人与白族、广西西半部高度汉化的壮族以及分布于其间的回民与分布在老挝南部和越南的以亲属制度为基础的南岛语族群体（Austronesian groups）之间，存在巨大的差异性[1]。

不同于申德尔，米肖自己则把焦点放在了"东南亚大陆"(Southeast Aisia Massif)。他认为，由于东南亚大陆极其复杂的地形与人口经常处于流动状态之下，从地理空间的角度来说，从海拔高度、经度、纬度，以及外部界限与内部此区域等方面对东南亚高地进行精确的界定既不现实也没有多大帮助。这些东南亚高地人分布在海拔300米到500米的相当于西欧面积那么大一个范围之内。其大致的范围是从北边的长江流域向南沿着从喜马拉雅向东向南延伸到山脉以及雅鲁藏布江（布拉马普特拉河）、伊洛瓦底江、怒江（萨尔温江）、澜沧江（湄南河）、澜沧江（湄公河）、元江（红河）和珠江等流域灌溉的季风性高地。中国部分包括西藏东缘、川南川西、湘西、广东西部一小部分、云南与贵州全境、广西北部和西部，还有海南岛的高地部分。东南亚半岛包括缅甸边境与印度东北部、孟加拉国东部和南部接壤的地方、泰国北部和西部、湄公河河谷以上的老挝全境、沿安南

---

[1] Jean Michaud, "Editorial–Zomia and Beyond", *Journal of Global History*, Vol.5 (2010).

走廊的越南北部边境地区和中部高地,还有柬埔寨东北山脉。与申德尔不同,米肖的"东南亚高地"不包括重庆盆地、甘肃北部、陕西,也不包括马来西亚半岛高地,前者已有上千年的稻米生产历史,而后者属于马来世界。与申德尔不同,米肖把西藏及其邻近的新疆、青海和四川排除在他所理解的"东南亚大陆"范围之外,因为他认为西藏及其边缘地区属于一个独特的实体,有其有别于东南亚高地的自身逻辑性。这些地区处于西藏与各周边文明体之间,那里的诸如康巴(Khampa)、纳西(Naxi)、独龙(Drung)、云南的摩梭或者尼泊尔的珞巴(Lopa)、锡金的布提亚(Bhutia)在历史上不断变换其效忠的对象;他们主要讲的语言以藏缅语族语言为主。[1]

米肖进一步指出使"东南亚大陆"这个区域具有特点的一些核心因素:他们拥有相似的历史、语言、宗教、传统社会结构、经济模式以及与低地邦国的政治联系。这些高地社会相互之间的差异性超过它们所具有的相似性,也就是这个区域所处的广阔的生态系统、一种处于边缘的状态和各种形式的从属关系。他强调我们应该重新思考基于国家的研究(country-based research)来面对那些跨境的和边缘的社会。因为东南亚高地同其他环喜马拉雅地区的高地(实际上与世界上的高地)社会一样,而不只是申德尔的"佐米亚",在历史、经济与文化等方面都是边缘的和碎片化的,不具有作为传统意义上亚洲研究的次区域研究之意义。在民族—国家那样的框架内研究高地社会,就把本来是一致的各种文化实体进行分割并置于主体民族与少数民族、现代与古代、文明与野蛮等二元概念框架中来。国家边界就其政

---

[1] Jean Michaud, "Editorial–Zomia and beyond", *Journal of Global History*, Vol.5 (2010).

治性而言，人为地分割了历史上跨界而居的那些群体的社会与文化组织，使得这些基于民族国家的只适用于被分隔开来的小群体研究成果效用性大大降低了，而那些本来就属于一个更大群体的族群却消失在国境之外。在米肖看来，"佐米亚"与"东南亚高地"这样的概念就是用以消除这种困境的分析概念。我们应该以跨国的方式对那些被国界分割的族群及其文化整体进行研究。"佐米亚"与"东南亚高地"作为一个跨国的社会空间正是用来进行这样的研究的。[1]这种社会空间的建构，其目的就是为了克服传统区域研究领域存在的人为分割研究对象的做法，通过强调族群与文化的一致性与统一性来克服传统区域研究中的二元对立结构模式。这就要求我们超越边界，无论是事实上的边界还是想象的边界，无论是族群的边界还是对其进行研究的学术边界。

"佐米亚"这个概念的相关性及其可操作性不断地遭到来自地方性知识的质疑。它不但是一个不断产生争论的概念，而且也使得国际学术界关注这个概念所指涉的高地社会。米肖因而就提出一个问题：到底是谁需要一个像"佐米亚"这样的概念？当然不是那些处于这个区域的民族国家，它们到目前为止都还没有发现一个描述边界地区的功能性概念。世代居住在那里的高地人也不需要这样一个无所不包的概念，因为空间范围的大小无论从实用意义上还是象征意义上对于高地人并没有多少意义。[2]反倒是那些为了在一个宏观的层面上交流有关高地社会及高地人的思想的国际组织、国际学术界需要这么一个概念。

---

[1] Jean Michaud, "Editorial-Zomia and Beyond", *Journal of Global History*, Vol.5 (2010).
[2] Jean Michaud, "Editorial-Zomia and Beyond", *Journal of Global History*, Vol.5 (2010).

所以，才有了"环极地研究""亚马逊研究"等组织，也包括近期出现的"环喜马拉雅研究"[1]。这表明人们急需一个宏观的视角来考察那部分散布在广袤土地上的人类群体，对他们当前和未来的状况进行跨越政治边界与学术边界的评估。随着现代技术不断地将连绵起伏的高地地形平整化，米肖认为这些山地人将在更大范围内融入亚洲其他人类群体，最终融入一个全球化的世界。[2]

## 三、斯科特的"佐米亚"

学界对"佐米亚"这个概念的认识更多的是从斯科特的《逃避统治的艺术》一书中获得的，而不是从这个概念最初提出者那里。虽然其他学者都注意到了"佐米亚"的边缘性与远离各主要文明体的特征，但斯科特是第一个（比较深入地——笔者）从一个独特的角度来审视"佐米亚"这个奇特的人类社会生存空间的。这个独特视角就是"国家效应"。在他之前的研究者更多的是把"佐米亚"作为一个反思区域研究的托词，对"佐米亚"所指涉的区域、人群及其命运并不太感兴趣，而且他们的研究描述性的居多，分析性的较少[3]。

---

1 这个研究中心 2014 年成立于云南民族大学，专门从事环喜马拉雅族群与文化研究，以期学术研究上形成与以欧美为主的高地研究对话与合作。
2 Jean Michaud, "Editorial–Zomia and Beyond", *Journal of Global History*, Vol.5 (2010).
3 Geoffrey Samuel (Cardiff University and University of Sydney), "Zomia": New Constructions of the Southeast Asian Highlands and Their Tibetan Implications, a paper copied by "The First Summer Lecture on Crtical Literature of Trans-Himalayan Studies" on pp.147 of 670, by Yunnan Minzu University (YMU), Kunming, Yunnan Province, China, July (2015): 13—17.

斯科特借用了申德尔提出的"佐米亚"概念。不过斯科特的"佐米亚"并没有把申德尔提到的西藏与不丹以西的喜马拉雅地区包括在内,却把前者省略的中国东南部、泰缅边境一带包括进来,并且赋予它不同的含义。他把这个概念所指涉的东南亚高地社会空间当作一个逃避国家统治的空间,把高地族群社会的经济、政治、文化等方面的组织原则及其过程视为一种"政治性的选择",一种逃避统治的艺术。所以,斯科特首先把他研究的空间分成"国家空间"与"非国家空间","佐米亚"就是他所谓的典型的"非国家空间"。在斯科特看来,在20世纪50年代以前,世界上仍然存在的最大无国家空间之一就是被称作"佐米亚"的东南亚山地的巨大高地,它分布在东南亚大陆和中国、印度、孟加拉国、缅甸等国的边疆地区,面积约250万平方公里,相当于整个欧洲大小,仅少数民族人口就有800万到1000万,有数以百计的族群,至少有5种语系,跨越8个民族国家,海拔从200或300米到4000米不等,位于各国的边疆,远离它所穿越过的国家主要人口中心。[1]斯科特把"佐米亚"限定在从印度东北部的那伽(Naga)和米佐(Mizo)山区及孟加拉国吉大港山区(Chittagong Hill Tracts)一直向东延伸的山地。斯科特的"佐米亚"概念所指涉的区域包括了申德尔的最初发现这个概念的山区,与米肖所说的"东南亚高地"(Southeast Asia Massif)一致,只不过米肖把马来世界的高地排除在"佐米亚"外。

---

[1] Geoffrey Samuel (Cardiff University and University of Sydney), "Zomia": New Constructions of the Southeast Asian Highlands and Their Tibetan Implications, a paper copied by "The First Summer Lecture on Crtical Literature of Trans-Himalayan Studies" on pp.147 of 670, by Yunnan Minzu University (YMU), Kunming, Yunnan Province, China, July (2015): 17—18.

## 第八章
## 区域研究视野的"佐米亚"

对于斯科特来说,"佐米亚"并不像一个传统意义上的区域,因为它不具备作为一个区域研究所需要的"共同的文化特征"。使它成为一个区域的标准与其说是它具有共同的文化特征,还不如说是这个地区所具有的共同历史记忆与联系;不同于传统的区域研究标准,这个区域的异质性而不是同质性使其成为一个人们共同关注的社会空间,从而也就成为一个全新的反思区域研究的学术空间。"佐米亚"区域或东南亚高地与低地国家形成了鲜明的对比,两者形成了高地与低地(或山地与谷地)具有极大差异性的生态区位(niche),生活于其间的人类群体在漫长的历史过程中形成了不同的生计模式、社会组织、信仰体系。但高地社会与低地社会并不是相互孤立地存在着,相反,两者之间是一种辩证和共存的关系,表面上对立,实际上深深地联系在一起。斯科特正是从这种关系中找到了立论的突破口,并且认为这是理解东南亚国家历史变迁最基础的出发点;如果不能充分地理解"佐米亚"在谷地国家的形成与消亡中的作用,就不可能充分地理解谷地国家。[1] 这样一来,高地就成了"无国家空间"的表征,而低地则成了"国家空间"的代表。低地的国家空间总是试图扩大或牢固对高地无国家空间的控制,并将其纳入到国家空间当中来,并对其施行包括税收在内的各种国家职能;而无国家空间的高地社会在过去总是表现出一种拒绝或抗拒"国家效应"的倾向。于是,"无国家空间"与"国家空间"这一对双生子,在斯科特的分析中占有重要的地位,形成他所谓的"国家效应"(state effect)的理论。

在人类历史的大部分时间里,人类群体是生活在没有国家的状态

---

[1] 詹姆斯·斯科特:《逃避统治的艺术——东南亚高地的无政府主义历史》,王晓毅译,北京:生活·读书·新知三联书店2016年版,第19—20页。

认识论、研究议题和方法创新：
论重建民族学

之下的，没有国家结构的生存是普遍状况[1]。定居农业的出现使得人类群体分成了定居群体和游动群体，前者生活在农业国家的统治之下，而后者则游弋于农业国家的边缘地带，他们的生产生活方式出现了明显的差异，两者之间也发生着相互影响的关系。生活在平原地区和低地河谷地区的人类群体构成了以谷物生产为基础的定居农业，成为了国家直接控制的空间和进行管理的对象。这些空间自然也就构成了国家空间。国家总是通过各种办法把自己的影响力或统治投送到生活在定居农业区边缘地区的人类群体当中去，当由于国家需要定居农业生产的支撑，它的影响力一旦超出低地河谷或平原地区就无法维持，于是那些国家力量及影响力所无法达到或维持的地方就构成了"无国家的空间"。这些处于边缘地带的"无国家空间"在斯科特看来是在低地国家试图通过使游动的人群定居下来并把他们作为国家存在的基础过程中不愿被统治而逃逸出去的人群组成的，是"国家效应"导致的结果。斯科特所指的国家有古典国家、殖民国家、现代民族国家等几种。

"国家效应"的视角区别于传统视角之处在于，它以一种不同于传统研究范式中之原始与现代、野蛮与文明、先进与落后的视角来审视高地社会与文化。按以往的传统，高地社会的人类群体往往被理解成是"原始社会的化石"，是低地社会人类群体的祖先，是文明社会过去文化传统的遗存，即便现在已经进入到所谓的现代社会，也是跨越了诸多社会形态而直接进入到当下文明社会中来的。把低地社会的人类生存模式当作一种参照，山地社会文化的各方面只要不同于这个参照系就是原始的、落后的、野蛮的，因而也是不文明的。"国家效应"

---

[1] 詹姆斯·斯科特著：《逃避统治的艺术——东南亚高地的无政府主义历史》，王晓毅译，北京：生活·读书·新知三联书店2016年版，第4页。

的视角与之不同，甚至是相反的。它认为，正是因为低地社会的原因，造成了高地社会诸多文化现象。无论在古典国家、殖民国家，还是现代民族国家，国家总是通过控制土地与人来实现其存在与延续，而在过去，国家的产生总是以谷物积累与人口集中为基础的。对人群加以控制、管理，对他们的生产进行调拨，并进行征税。正是这样的国家作用（state effect）使得低地社会的人类群体生活在定居农业的生活方式当中，相对集中的人群由于沉重的赋税负担、庄稼歉收、大规模的疾病、瘟疫、饥荒、战争等原因，为了逃避被统治的命运，选择离开国家的直接控制，进入到国家力量所无法到达或难以维持长期统治的"非国家空间"。斯科特认为，被称为"佐米亚"的东南亚大陆巨大山区为逃避国家的人提供了避难所，将当代山民看作过去很长时期内的奴隶逃亡者（marronnage），也就是那些逃避谷地国家政权建设的人的后代可能会更合理；他们的农业实践、他们的社会组织、他们的治理结构、他们的传说和他们的文化组织，都带着逃避国家或远离国家实践的痕迹[1]。他似乎在向我们说明，"佐米亚"区域的人类群体不是什么早期社会的"化石"，而是"文明话语"霸权支配下的他者世界，不过，瘟疫、疾病、饥荒、旱涝等自然因素，似乎更多的是自然生态问题而不完全是社会历史范畴的国家效应问题。[2]

在斯科特看来，人类群体在"国家效应"的作用之下，形成了1950年前东南亚大陆"佐米亚"区域人类群体分布的格局。这个区域

---

[1] 詹姆斯·斯科特著：《逃避统治的艺术——东南亚高地的无政府主义历史》，王晓毅译，北京：生活·读书·新知三联书店2016年版，第16—19页。
[2] 詹姆斯·斯科特著：《逃避统治的艺术——东南亚高地的无政府主义历史》，王晓毅译，北京：生活·读书·新知三联书店2016年版，第192—195页。

认识论、研究议题和方法创新：
论重建民族学

直到最近时期仍然是那些为了逃避被融入国家的人们进入的诸多"逃亡区域"（escape zone）之一。生活在"佐米亚"区域的人们并不一定是早期土著人口的遗存，他们形成了适宜于逃避国家力量的文化传统，包括在多种族性之间转换身份认同，通过不同的方式将他们自己呈现在国家权威面前，以适应一些特定的情况。这些区域的许多社群刻意地放弃了书写文字以便使国家难以书写记录的方式对他们进行统计与管理。他们所信仰的宗教形式也可以理解为一种对逃离国家控制状态的适应结果；而且生活在"佐米亚"的人类群体更倾向于追寻"千禧年运动"与宗教先知的引导而回到传说中自己的国度。斯科特相信，这样的宗教热情是一种"逃避社会结构"，取之于低地社会又用以抵抗低地社会。[1] 这个区域的族群多样性与语言多样性也可以理解为一种在逃避国家和国家冲突过程中形成的"碎裂带"（shatter zones）。[2] 山地特性变成了国家作用的结果，即因为种种原因远离国家权力直接控制的人所创造出来的社会特征。……将山地人群看作抵制国家的社会，或者是反对国家的社会，更有利于理解山地的农业实践、文化价值和社会结构。[3] 显然，山地社会、山地人群以及山地特性是斯科特用以进行解释"国家效应"的理论预设与建构。

---

[1] 詹姆斯·斯科特著：《逃避统治的艺术——东南亚高地的无政府主义历史》，王晓毅译，北京：生活·读书·新知三联书店2016年版，第402页。
[2] Geoffrey Samuel (Cardiff University and University of Sydney), "Zomia": New Constructions of the Southeast Asian Highlands and Their Tibetan Implications, a paper copied by "The First Summer Lecture on Crtical Literature of Trans-Himalayan Studies" on pp.148—150 of 670, by Yunnan Minzu University (YMU), Kunming, Yunnan Province, China, July (2015): 13—17
[3] 詹姆斯·斯科特著：《逃避统治的艺术——东南亚高地的无政府主义历史》，王晓毅译，北京：生活·读书·新知三联书店2016年版，第154—155页。

# 第八章
## 区域研究视野的"佐米亚"

斯科特的"国家效应"之说是他一直以来所坚持的"国家权力与农民的抵抗"学术研究工作的延续。他的学术观点分别出现在《农民的道义经济》(The Moral Economy of the Peasant, 1976)、《弱者的武器》(The Weapon of the Weak, 1985)、《国家的视角》(Seeing Like a State, 1998)、《支配与反抗的艺术》(Domination and the Arts of Resistance, 1990),接着就是集中讨论国家效应的《逃避统治的艺术——东南亚高地的无政府主义历史》(The Arts of Not Being Governed, 2009)。可见,斯科特的学术思想是一脉相承的,目前为止的学术活动都在探讨国家如何施行权力,民众如何应对或反抗施加于他们身上的国家权力。当斯科特阅读了皮埃尔·克拉斯特(Pierre Clastres)的《反抗国家的社会》(Society Against the State 或者 La societe contre l'etat)关于南美洲被征服以后逃避国家(state-evading)和抵制国家(state-preventing)的本土居民所做的大胆解释后,为他对这些一直处于迁徙与逃避"国家效应"的人类群体的思考找到了一个很有说服力的阐释视角。[1]

国家效应普遍存在于古典国家、殖民国家以及现代民族国家与处于这些不同历史时期的"国家"边缘地区的"无国家"空间里的边缘社会之间。如何来描述这种"国家空间"与"非国家空间"之间的互动关系,斯科特从英国人类学家利奇的《缅甸高地的政治体系》一书中找到他需要的论述结构模式:贡萨与贡老。他不无感激地说:"任何走我所走的这条路的人都要靠不断地参阅利奇(Edmund Leach)的《缅甸高地的政治体系》(Political Systems of Highland Burma)

---

[1] 詹姆斯·斯科特著:《逃避统治的艺术——东南亚高地的无政府主义历史》,王晓毅译,北京:生活·读书·新知三联书店 2016 年版,第 6 页。

才能有所成就。"[1]

关于斯科特对利奇缅甸高地"钟摆式"的政治制度的继承与发展，何翠萍等学者做了比较中肯的评述[2]。他们认为，斯科特《不被统治的艺术》[3]可以看作是利奇《缅甸高地的政治制度》的延伸，他也是第一位把高地与低地的政治关系当成一种彼此间有相互依赖、构成关系社会体系的学者，其国家效应的解释模式正是从利奇高地与低地共生关系的解释发展出来的[4]。同时，斯科特提出不同于利奇的历史结构观点：利奇认为缅北高地克钦社会摇摆在缅北高地河谷掸人的阶序体制与平等型的贡劳体制之间，而斯科特则认为高地东南亚社会的政治状态是河谷低地国家主义者与逃避国家的高地无国家主义者之间的辩证结果，而且是整个佐米亚范围的高低地共有的发展关系；他们都认为个人能动性或主体性是造成变迁的重要因素，但利奇强调个人追求权力、地位的动机促成他们或是模仿掸人的统治模式，或是追求民主的平权模式而发动贡劳革命，而斯科特则强调这是人民作为历史能动者的表达，因此高地社会是追求平等、自主与流动的社会，与低地社会有别；利奇与斯科特都有建立历史结构模式的兴趣，利奇强调阶序与平等两

---

[1] 詹姆斯·斯科特著：《逃避统治的艺术——东南亚高地的无政府主义历史》，王晓毅译，北京：生活·读书·新知三联书店 2016 年版，第 7 页。
[2] 何翠萍、魏捷兹、黄淑莉：《论 James Scott 高地东南亚新命名 Zomia 的意义与未来》，载《历史人类学学刊》2011 年 4 月第 9 卷第 1 期，第 86—92 页，中山大学历史人类学研究中心、香港科技大学华南研究中心，在引用过程中对相关论述的先后顺序与文法进行了调整。——笔者注
[3] 斯科特的 The Arts of Not Being Governed: An Anarchist History of Upland Southeast Asia 大陆版被译作《不被统治的艺术》，台湾版译成《不被治理的艺术》，显然，后者更中性，且符合斯科特一直坚持的国家视角与民众互动关系过程的研究与表述。
[4] 何翠萍、魏捷兹、黄淑莉：《论 James Scott 高地东南亚新命名 Zomia 的意义与未来》，载《历史人类学学刊》2011 年 4 月第 9 卷第 1 期，第 86 页。

种社会结构理念间的摇摆是缅北高地社会的特性,而斯科特则将阶序的社会结构等同于国家立场的表达,视平等的社会结构为出自"无国家"政治立场的创造,前者的收拢造成后者的逃离、回避与抗拒,反之亦然。[1]

以上评述恰如其分地指出了斯科特对利奇结构模式的继承与发展。不过,利奇注重的是一个动态过程,缅甸高地的克钦人处在贡劳—贡萨—掸人社会结构三种模式往返变化过程中,并不如我们通常所理解的在贡劳—贡萨二元结构之间做"钟摆式"的往复运动。贡萨是在克钦人模仿掸人社会结构的产物,而且贡萨进一步的发展就是完全变成掸人,被低地掸人文化所同化。当然,这种同化简单地归结为"国家效应"的结果不完全符合这个区域的族群生态过程,这个过程也无非是一种选择的结果,简单地归结为纯粹的政治选择也许并不完全合理。当类似于掸人社会结构的贡萨阶序体制出现时,这部分人的行为影响到了传统克钦社会相对平权的社会结构,克钦人就倾向于回归贡劳体制,出现民主平等的贡劳革命。这与斯科特的把贡劳与贡萨转换成高地平权社会与低地阶序社会的二元叙述还是有区别的。斯科特进一步把高地克钦社会转换成"非国家空间",把低地掸人阶序社会转换成"国家空间",从而为他的"国家效应"奠定了叙述与论述基础。"国家效应"的分析视角、建构历史结构模式的追求,以及他本人极端个人自由主义思想是导致斯科特得出"佐米亚"逃避统治的空间的结论的直接原因。

研究方法上,斯科特存在的不足之处就是主题先行,田野作业不

---

[1] 詹姆斯·斯科特著:《逃避统治的艺术——东南亚高地的无政府主义历史》,王晓毅译,北京:生活·读书·新知三联书店2016年版,第88页。

足，而且概括随意。其实，从地中海世界到南北美洲，到阿尔卑斯山麓，再到环喜马拉雅地区及东南亚高地，高地与低地点自然生态是显而易见的，高地生态与低地生态，高地社会与低地社会，更多地体现出一种互相依赖、相得益彰的人类生存状态，相互之间一直存在着文明与文化的交流，而不全然是控制与被控制，统治与被统治。由于田野经验的缺乏，忽视了山地社会内部的分化及其内部社会机制[1]，往往落入了传统人类学的两分法之窠臼，"国家空间"与"非国家空间"，统治与逃避被统治的臆想，自然也就产生了。这种随意的概括虽然在学术空间的想象中有一定的解释力，但具体到人类文化事实，未必都能毫无争议。

## 四、"佐米亚"研究面临的挑战与可能走向

申德尔的"佐米亚"是一个纯区域研究的概念，其重点在地理认知与文化研究，而斯科特的"佐米亚"则重在关注历史政治过程，属于政治经济学范畴，带有明显的意识形态取向。关于"佐米亚"的研究一直会持续下去，而且还会一直保持某种程度的研究热度，因为即使我们热衷于"地球村"的提法，那种区隔"村里"与"村外""边缘"与"中心"以及各种"文化中心主义"与"文化沙文主义"等思维定式，将长期存在；于是，那种将"佐米亚"视为孤立而边缘的区域而不是"跨区域""跨边界""跨境社会""互联互通""全球性"的研究进路，也将长期存在下去。然而，20世纪50年代以来的世界发展进程表明，我

---

[1] 杜树海：《山民与国家之间——詹姆斯·C.斯科特的佐米亚研究及其批评》，载《世界民族》2014年第2期。

#  第八章
## 区域研究视野的"佐米亚"

们所讨论的"佐米亚"地区,无论是环阿尔卑斯地区、环喜马拉雅地区,还是安第斯山低地社会,抑或马来世界或非洲地区,都无一例外地被席卷到全球化的过程当中来,也无一例外地充分体现出它们作为这个"互联互通"的世界一部分之主体能动性来。这些区域不断出现的冲突也表明,它们为了争取参与全球化进程的权利而展开的种种斗争。每一次冲突与抗争,这个世界已经没有一个地方是可以孤立地被当作一个"区域"来看待,而应该超越传统的区域研究视野,将其视作人类整体活动的一部分加以考察,因为一个不争的事实是,生活在"佐米亚"的人类群体一直都以某种形式主动或被动地卷入了现代社会的转型过程中,或积极或消极地适应着这个世界发展所带来的一切变化。

斯科特的"佐米亚"概念,无论是在政治学的意义上,还是在学术研究的意义上,都可以当作如同"南北关系"之南方意义来使用,它体现了人类群体在迁徙过程中因其所处的地缘关系不同,而导致了拥有的政治资源及获得的关注度不同,以及学术研究领域中出现的各种民族中心主义。在政治上,这些群体成为全球主流文化的脚注,是等待着主流政治意识形态去解救的,因而也就成为主流政治意识形态争夺的空间。斯科特名义上是为这些人类群体书写一部无政府的东南亚高地历史,实质上是为他所持有的无政府主义寻找一个合理的解释。在学术研究领域,凡涉及全球"佐米亚"区域的研究,无不以某种"二元"对立的结构构建这个区域与相邻区域的关系过程,其主要目的并不是为"佐米亚"而"佐米亚",而是通过解构"佐米亚"来突出邻近各种文明体对整个人类历史进程的影响,无论这种影响是正面的还是负面的。这些研究并没有充分体现"佐米亚"人的能动性,并没有充分肯定他们能在自己所处的自然生态位与社会生态位上能动地创造出自己独特的生存方式的种种努力。迁徙与逃逸本来就是各人类群体在我们这个星球上进行生存空间竞争的基本形式，而无论各人类群体处于什么样的生态位，都是这种生存空间竞争的结果。国家空间与非国家空间的划分并不是绝对的，国家空间里存在着非国家空间，非国家空间里也存在着国家空间。这些人为划分的空间之间存在着各种联系，它们并不是全然分割开来的，而是具有着某种空间的连续性，无论这些联系是贸易的、文化的，抑或是政治的，还是文化接触与涵化，它们之间总是相互依存、互相联系着。

"佐米亚"可以从几个视角来进行分析，这些视角包括高地与低地（太过于绝对）、系统内与系统外之间的关系、文化相对位置、族群的历史记忆、规模层级关系（包括地方社会与全球化）、中心与边缘的关系、民族与国家的关系、地方与中央的关系、文化传播与涵化，以及生态位等等。但从整体而言，把"佐米亚"当作一个跨区域的概念（cross-area concept）、跨族群（cross-ethnic groups）或跨境（cross-border）的概念来分析，强调其连通与连接的一面，更有利于人们探求人类群体间文化、经济、政治等各种关系过程，而不是把一个个区域当作孤立的文化单元或政治单元来分析，这一点，已经包含在斯科特《逃避统治的艺术》里，但没有直接阐明。与斯科特的"国家效应"类似，"佐米亚"区域还可以从"贸易效应"的角度来分析，也就是后来何翠萍等所提出的所谓"不同政体和政治经济如何在一个较高层次上进行整合的问题"[1]。这个区域一方面在国家扩张过程中不断

---

1 何翠萍、魏捷兹、黄淑莉：《论 James Scott 高地东南亚新命名 Zomia 的意义与未来》，载《历史人类学学刊》2011 年 4 月第 9 卷第 1 期，第 92 页，中山大学历史人类学研究中心、香港科技大学华南研究中心。

被蚕食侵占并归并进不同的国家体系当中。在历史上,它与国家始终保持着一种暧昧的关系,时而关系密切,时而关系松散,处于一种摇摆不定的状态;这主要看它与从其所依附的中心政体博弈时所能得到的保护或支持程度的多少有关。现代以来,这些区域基本已被整合到现代民族国家中,生活于其上的人类群体或积极或消极地与所属政体博弈着,以实现其存续与发展的目的。另一方面,而且也是最明显的是,这个区域其实是在近现代、当代的殖民宗主国与殖民地之间、民族国家内部及民族国家之间的贸易关系的不断展开与深入的过程中,不断地被裹挟进地区和全球的贸易体系当中去,也因此而使得这些区域的人类群体、文化形态、生计模式、社会生活等方方面面发生着剧烈的转型与变迁。社会转型与文化变迁的研究进路是这些年来我们研究"佐米亚"所指涉的这个超越区域的社会空间与文化空间的主要模式;这也是我们已经或正在尝试着去接近这个区域的范式之一,也是未来"佐米亚"研究的范式与阐释模式之一。生活在"佐米亚"区域的人类群体,因自然生态各异,其文化现象也不尽相同;把"佐米亚"视为一个全球性的处于现代民族国家影响下的社会空间与文化空间,可以方便我们去考察处于不同生态空间的人类群体是如何在主流文明体的影响下能动性地实现各自群体的生存与延续。同时,通过对分布于这个范畴之内的人类群体文化的研究,为我们理解当前人类面临的一些生存困境寻找一些新的可能性。

# 第九章
# 文化持有者的"单音位"文化撰写模式
## ——"村民日志"的民族志实验意义

从 2003 年起，我们陆续在云南省的玉龙县黄山镇南溪村、弥勒县西三乡可邑村、石林县圭山乡大糯黑村、新平县漠沙镇大沐浴村、元阳县箐口村、富民县东乡芭蕉箐、福贡县路马登乡赤恒底村、贡山县双拉乡大查腊社、玉溪通海纳家营、剑川县沙溪石龙村 10 个农村社区建立了调查基地，分别开展纳西族、彝族阿细支系、彝族撒尼支系、傣族花腰支系、哈尼族、苗族、傈僳族、怒族、回族、白族的长期跟踪调查。

在这个项目中，我们开展了一项具有学术探索意义的工作，就是在 10 个调查基地分别实施"村民日志"计划，聘请若干名当地人担任记录员，从"本文化"内部视角对自己民族和村寨每天发生的事情进行叙述与评论，形成了连续记录时间在一周年以上的"村民日志"10 部，以求从中国少数民族农村的社会文化实际出发，在当代国际文化人类学的学术平台上进行中国民族志和文化人类学的"本土化"创新，

认识论、研究议题和方法创新：
论重建民族学

促进具有时代特征和中国特色的文化人类学建设。

## 一、消解话语霸权：还民族志的话语权予文化持有者

"村民日志"的实施程序是：第一步为遴选记录人。每个调查基地从其研究对象中选出"村民日志"的记录者2—3人。记录者的基本条件：一是生长于调查研究社区主体民族的成员，其文化归属于研究对象，如纳西族调查点的日志记录人是有若干代居住在本村的纳西族，白族调查点的日志记录者为几代生长于本村的白族等；二是具备观察与用汉语书面语言描述本社区文化的能力和条件，如被村民普遍认可，一般不长时间外出，接受过一定程度的文化教育，热心参加本村的重大活动等；三是尽可能兼顾性别等社会角色的差异，如彝族阿细调查基地和哈尼族调查基地都分别聘任了男女记录员各一人。第二步是向记录者说明"村民日志"的撰写体例和要求，即要求记录者按照日志的体裁，即时间顺序记录村寨每天发生的事情，告知他们可能被视为普通寻常的村寨生活是有价值和意义的，应当尽可能地完整与详细记录。

这一看似非常简单的做法，实质上是对20世纪后半叶以来西方人类学界关于民族志撰写话语权问题讨论的回应，是还文化叙述权予文化持有者的一种探索性实验。

首先，文化撰写主体为研究对象的成员，即文化持有者。自马林诺夫斯基（B.K.Malinowski）提出"钻进土著人的心里"的田野准则之后，人类学家们在"钻进"的问题上进行了不懈的努力。至20世纪60年代，康克林（H.C.Conklin）、弗雷克（Charles O.Frake）等在

## 第九章
### 文化持有者的"单音位"文化撰写模式

其"新民族志"(New ethnography)中极力倡导"主位"观察与描述的方法。其后,格尔兹(Clifford Geetz)及其弟子克利福德(James Clifford)等发起的实验民族志(Experimental ethnography)则提出了把原本被排除在外的合作研究者、田野居民等与民族志相关的人物也纳入民族志作者并让其语言直接进入文本的书写方法,即所谓"多音位"(polyphonic)模式。目前,上述学术实践的真实度、有效性、干扰性等问题仍然未能得到令人信服的解决,其深层根源则是研究者的主体性与研究对象的主体性之间的矛盾无论如何都难以弥合。两千多年前中国思想家庄子提出的"濠上之辩"难题始终无法破解,才出"浅描"的泥潭又入"过度阐释"的沼泽,才让文化持有者发出了自己的"声音"而学者所属的社会无法理解的"嘘声"即起,按照马林诺夫斯基的金科玉律"钻进土著人的心里"后便发现,原来"钻进土著人的心里"的是带着坚固的西方社会文化结构"前置"的人类学家。要从根本上摆脱这一困境,必须解决文化叙述的话语权问题。"多音位"模式把被剥夺的文化持有者的文化叙述话语权部分地还给文化持有者,但人类学家自然获得的话语霸权使其话语往往成为"多音位"中的"强音",在一定程度上或不自觉地产生了诱导、干扰甚至掩盖文化持有者话语的作用,使文化持有者的声音成为"多音位"中的"弱音",因而,"多音位"模式实质上是以人类学家的"音位"为主导、以文化持有者的"音位"为辅助的模式。而"村民日志"的作者是生长于斯的"土著",是村寨社会文化的参与者和行动者,他们用自己的眼睛和头脑观察本村每天的日常生活,用自己的思维和语言叙述本村发生的大大小小事件,这才是严格意义上的"主位"方法,才能真正"从内部提供有关异文化的解说",因而对记录者来说,"村民日志"

是对"本文化"的记录与反思。

其次,"村民日志"的记录者连续性地归属于他／她所叙述的社会,因而他／她的视阈与其叙述对象所包括的视阈是高度重叠与融合的。人类学家在研究对象的视野中通常都是"偶尔的闯入者",不仅"异文化"的研究如此,"本文化"的研究也大致如此。在"异文化"研究中,人类学家与研究对象分别属于两种不同的文化,其视阈是疏离的,尽管人类学家们极力向研究对象的文化趋近,但无数实践证明其趋近的程度和效果是非常有限的。在"本文化"研究中,人类学家尽管属于"本文化",但因其境遇使他／她与"本文化"之间产生了或深或浅的"历史时间间距",从而降低了研究者视阈与研究对象所包含的视阈之间的重叠度或融合度。费孝通先生对自己在家乡的田野调查体验的反思充分地证明了这一点,他说:"我是这个县里长大的人,说着当地口音,我的姐姐又多年在村子里教老家育蚕制丝,我和当地居民的关系应当说是不该有什么隔阂的了。但是实际上却并不是这样简单。当时中国社会里存在着利益矛盾的阶级,而那一段时期也正是级别矛盾的时刻。我自己是这个社会结构里的一个成员,在我自己的观点上以及在和当地居民的社会关系上,也就产生事实上的局限性。这种局限性表现在我对于所要观察的事实和我所接触的人物的优先选择上。尽管事先曾注意要避免主观的偏执,事后检查这种局限性还是存在的。"[1] "村民日志"的记录者不仅在文化认同上归属于本村的社会文化,而且境遇使他／她在实践和时间上连续性地归属于本村的社会文化,不存在"历史时间间距"所形成的视阈间隔,其视阈与所

---

[1] 费孝通:《迈向人民的人类学》,见《费孝通选集》,福建:海峡文艺出版社1996年版,第312—313页。

叙述的社会文化包含视阈是天然契合的与高度重叠的，因而"视阈融合"度不仅要高于"外来者"，而且要高于属于本文化的学者。"村民日志"的记录者连续性地归属于他／她所叙述的社会，因而他／她的视阈与其叙述对象所包括的视阈是高度重叠与融合的。

最后，观察与叙述的视角是独立而常态的。在田野调查中，人类学家需从研究对象中选择出若干成员讲述其文化，回答人类学家提出的问题，即所谓"报道人"。但报道人的"报道"场域与其日常生活具有明显的差异，属于非常态性的——面对陌生的"外来者"，围绕着研究者的询问话题进行"搜肠刮肚"的作答甚至"编造故事"。为了解决这一问题，实验民族志的一种做法是将人类学家与报道人之间的谈话过程呈现出来。然而，所呈现的仍然是非常态场域下的谈话——人类学家因拥有民族志的最终书写权而不可回避地产生一定程度的"话语霸权"，从而对文化持有者的话语表达产生干扰或渗入。"村民日志"则规避了这一问题，记录者的叙说话题是自主性的，叙说场域是常态的——在自己家中且无需面对陌生的"他者"，做到了"想说就说""想说什么就说什么""想怎么说就怎么说"。他们以自己的眼睛和头脑观察本村每天的日常生活，以自己的思维和语言描述本村发生的大大小小事件，因而他们撰写的"村民日志"是在不受干扰即无"杂音"的状态下"从内部提供有关异文化的解说"。

因而，"村民日志"是一种"单音位"的文化叙述模式，但"单音位"的发出主体不再是人类学家，而是文化持有者，实现了民族志撰写模式由人类学家独立叙述的"单音位"——人类学家与文化持有者共同叙述的"多音位"——文化持有者独立叙述的"单音位"的这样一个否定之否定的过程。

## 二、弥合文化叙述的断裂性：日志体文化叙述的整体性

把人类及其赖以存在的社会文化作为一个整体进行研究，是文化人类学的重要学科特征。为了确立这一特征，以马林诺夫斯基和博厄斯等为代表的现代人类学家提出了一系列的田野调查和文化撰写的方法，如对某一文化进行全貌性深入研究、参与观察、局内人眼光、田野调查时间不少于一年等。"村民日志"以另一种民族志体裁实践了文化整体性或全貌论的学科规范。

一方面以连续性、长时段的文化叙述以弥合文化人类学田野调查和文化叙述的时间上的断裂性。众所周知，田野调查时间为一年或一年以上是马林诺夫斯基提出的一项最具代表性的金科玉律，但在实际的田野实践中，能够在田野点连续性地待上一年的人类学家寥寥无几，大量民族志，包括许多被视为经典的民族志，对调查时间往往采用了模糊起讫时间或闪烁其词的技巧，因为在长达一年的时间里不返回居住地和工作地实在难以做到，于是有学者便对提出此规则的马林诺夫斯基提出质疑，认为他之所以在特罗布里恩德岛滞留一年，是迫于客观条件无法离开，而不是主动的学术选择，在其去世后出版的《严格意义上的日记》中表达了他在田野工作的烦闷和牢骚。为此，许多人类学研究便采取了变通的办法，即间断性地到田野点进行调查，最终使田野调查时间总和达到一年及以上。这一做法带来的缺陷是文化叙述的时间断裂性，尤其是在文化变迁速度加快的当代社会，"三日不见则刮目相看"是屡见不鲜的事实，间隔性的调查内容拼接在一起形成的民族志，无疑会导致对研究对象的"任意剪辑"。"村民日志"采用日志体裁，按照时间顺序记述研究社区每天发生的事情，一方面保

证了文化事件发生的时间坐标的准确性,另一方面又确保了文化叙述的时间连续性。

另一方面以村中事件的全面叙述以弥合人类学研究者田野调查观察的单一视角和文化撰写的专题研究所导致的对研究对象叙述的断裂性。在"村民日志"中,既有大量的日复一日、循环往复的日常生活记述,也有对村中发生的节庆、仪式及重要事件的叙述,而且展示出这两者同时交错进行的村民生活全貌。

限于篇幅,在此无法对"村民日志"的内容做全面的介绍与分析,现仅节选剑川县石龙村白族日志关于火把节前后村落生活的记述片段如下:

### 2004年8月6日 农历六月二十一日 属日丁巳 雨转晴

今天早上5点左右开始下雨,但很多村民们仍冒雨上山采摘松茸和野生菌。到彝族和傈僳族居住的山上收购松茸的20个青壮年也照常上山。放牧、烤干片的农户照常经营。

今天是阴历六月二十一,很快就是火把节,又恰逢沙溪街天,村里有5部农用车拉着60多个村民去赶街,购买火把节的物资。相较于平常,今天去赶街的村民是较多的。

村民李宏坤,男,40岁,到六库打工半年,现已返家。他到六库主要是做石匠,收入平均每天约20元。

3部汽车5个外村人来收购松茸,产量约40公斤,价格和昨天一样。剑川东岭有3人开一部货车来村中买菜牛,最后买了一头黄牛。桃源的两个妇女来村中收破烂,她们每隔一段时间就会来收一次。

### 2004年8月7日 农历六月二十二日 属日戊午 晴间多云

全村有劳动能力的村民大都去采摘松茸和野生菌，松茸产量40公斤左右，每公斤价格为150元。牛肝菌产量约30公斤，每公斤12元。北风菌约35公斤，每公斤6元。今天有7部车子12个外村人来收购菌子，比前几天多了4部车子，说明野生菌市场有所回升。放牧、收购野生菌、烤干片的都照常经营。

明天是本地马仔节，凡家中有大牲畜的都到本主庙拜本主，各人出资购买猪头和鸡鸭聚集在一起吃午餐，以求六畜兴旺。念佛会和妈妈会都到本主庙竖火把，祈求本主保佑五谷丰登，人畜安康。妈妈会每人拼一碗米。

本村村民张保达和李宝香夫妇，因四儿小政的孩子生病，遵巫嘱于今日到石宝山金顶寺把孙子拜寄给送子观音。他们备了荤素供品，请本村的张庆长和佛会的张室瑞等人为他们祈祷，祈祷完后取一新名字就算是拜寄了。以后该孩子的名字以此为准，以示神灵保佑，平安大吉。他们的儿媳张瑞开等四人为祭祀活动服务，打下手。

彝族陈金华、张金全兄弟在红旗林业局开设木材加工厂，产品销到东南亚国家。今天他们带两个20～25岁的小工回家过火把节，但因车路不好走，绕道石龙。彝族的火把节是六月二十四日，白族是二十五日。他们居住在石龙村后的高山上。

沙溪二妹夫妇来卖猪肉。

# 第九章
## 文化持有者的"单音位"文化撰写模式

**2004 年 8 月 8 日 农历六月二十三日 属日己未 晴间多云中午小阵雨**

采摘松茸和野生菌仍是村民们压倒一切的农活。放牧、收购野生菌、烤干片的照常经营。5 部车子 9 个外地商人来收购松茸,松茸的产量和价格都有所回升。

李继龙、张福生每人驾一部农用车总共拉着 15 个人到县城购买火把节物资。李志明用自家的农用车拉回各种蔬菜,摆在村中心他家代销店前,在节日期间出售。石龙的村民自己很少种蔬菜,一般是到沙溪或县城购买。在平常和节日期间,有几家开代销店的也顺便卖一些番茄、葱、茄子等,当然村中所卖的品种和数量都比较少。

石龙的火把节分六月二十三和二十五日两次举行。二十三日原名马仔节,凡有大牲畜的人家都凑钱备供品到本主庙祭祀,实际是聚餐一次。后来,大致在 30 年前,妈妈会也在当天在本主庙竖火把,后来发展到现在凡是本年生了孩子的人家都到会敬烟敬酒。马仔节本是养有大牲畜的才参加,但现在马仔节已退出历史舞台,代之的是念佛会竖火把祈求五谷丰登、全村安康的祭本主日。

今天的火把由村民张文坤、张长有、董觉松三人捆和竖,三人均为男性,年纪均在 50 岁以上。由李定鸿老人致祈词。到会老妈妈有 42 人,男性 8 人。每人出一碗米,公费买了 8 斤猪肉,共同吃了午饭,午饭吃完活动也就结束了。今年出生的 14 名婴儿的家长都到会向各位老人敬烟酒和瓜子。

今天是石宝山宝相寺佛教住持陈树金主持的"十姊十妹"寺

庙奠基典礼。剑川县民宗局、文化局、建设局、教育局的四位局长参加典礼。经费由佛教会自筹 80000 元，县里拨款 70000 元，共计 150000 元。明天，工人们将开始备料。

**2004 年 8 月 9 日 农历六月二十四日 属日庚申 晴间多云**

村民的农活仍以采摘松茸和野生菌为主，多数人早上五六点就上山，12 点左右回家，在村中将所收到的菌子销售后，下午又第二次上山采集。放牧、收购野生菌、烤干片的照常经营。

今天，村民张明发、张常德两家自己宰杀了两头肥猪在村中出售，每头大致 200 市斤，沙溪二妹夫妇宰了两头不下 400 市斤的猪，所以，今天村里共出售了 4 头猪。4 头猪下午 3 点就全部卖完，生意不错。当然，如果算起来，石龙全村有 1000 多号人，平均下来也就是每人 7～8 两肉。张国宝、张海龙两家在村中卖各种小菜，方便了村民。

今天是农历六月二十四，石龙村的彝族过火把节，但他们不像白族那样竖火把，而仅杀羊宰鸡，做一桌丰盛的晚餐来度过火把节。

李寿喜的二女儿李芬剖腹产已经好几天了。下午 3 点，李寿喜夫妇租张四全的车子去县医院接她回家过火把节。

剑川 1 部车子 1 个人，沙溪 3 部车子 5 个人，甸南 1 部车子 2 个人，总共 8 个外村人来收购松茸。沙溪的赵大妈来村中卖豆腐，价格为每市斤 1 元。

# 第九章
## 文化持有者的"单音位"文化撰写模式

**2004年8月10日 农历六月二十五日 属日辛酉 晴间多云下午雨**

村民早上都去采摘松茸和野生菌，下午在家休闲，准备过火把节。放牧、收购野生菌、烤干片的今天照常经营。李国宝和张海龙两家继续销售各种小菜，生意很好。

今天是火把节。竖火把是由去年火把节后至今年火把节前这一年中出生的婴儿的父亲承担。石龙全村竖两棵火把，即东片区竖一棵，西南片区竖一棵。东片区竖在村公所门口，西南片区竖在三岔路口张四春的经销店前。今年，东片区出生婴儿男8人女3人，一共11户。他们在前一天每户凑钱买了一棵火把，还有祭火把用的供品和火炮等，费用最后平均负担，每户最终花了50元。每家（包括全片区的农户）出一抱烧柴，由婴儿的父亲们收集在一起。大家分工协作，有2人到每家每户收集柴火，1人挖火把眼，其余的劈柴，或把砍开的柴其中的一头削尖。他们请了篾匠张宝山帮助编好篾箍，一共7个。然后把篾箍套在火把柱身上，从上到下在篾箍里装烧柴，一圈接一圈，均匀地在篾箍里装柴，既要分节，又要把烧柴上下错综联结成一个整体。火把头上留一定的枝叶，下面捆烧柴，在火把帽上竖一用竹篾编的二级升斗，升斗的四方分别书写"五谷丰登""风调雨顺"八个字。下午4点，几十号人同心协力，把1米高的火把插到事先挖好的火把洞中，将火把竖起来，此时鞭炮轰鸣，夹杂着村民的号子声，热闹非凡。西南片区只有三男二女总共5个婴儿出世，但竖火把的过程和东片区相同，不同的是火把柱由他们自己上山砍伐，同时由于人员少，因而火把到下午5点才竖起来。

火把竖好后，大家都回家过节吃晚饭，婴儿的父母准备饭后所需物品。

晚饭后，大约8点钟，村民们陆续出来，婴儿的父母们烧起大堆篝火，由一家负责备办荤素祭礼，由长者带领婴儿的父亲向火把叩首祈祷，祝婴儿们健康成长，全村五谷丰登，此时鞭炮齐鸣，提示火把节开始。然后，由专人给火把点火，村民们可以自由活动。

点火后由一后生抬一把火把站在大火把下，由一长者提一袋松木腐粉，里面有硝和松油，以助燃烧。长者每唱一句吉利话就撒一把腐粉，腐粉燃烧，非常壮观。吉利话有十句：第一科，独占鳌头；第二科，发科发甲；第三科，三元及第；第四科，四季平安；第五科，五谷丰登；第六科，禄位高各；第七科，风调雨顺；第八科，全村发旺；第九科，久久长远；第十科，十全十美。今天由78岁的李定鸿老人唱吉利话，唱一句撒一把松木腐粉，在旁的村民高声喊叫"好！好！"这一过程完毕，人们围成圆圈，开始进行古乐表演，12个男性村民进行表演。接着是霸王鞭，先由老年妇女组跳，共有9人。再由青年女子组6个人跳。一面舞一面唱："霸王鞭，王霸鞭，霸王鞭声宣宣声，霸王鞭杆手很长，注意打着你们。有调子的唱一调，没有调子的往后退，今天我们过火把节，庆五谷丰登。"反复唱此曲直到舞完为止。第三个节目是白族调演唱，男女老少只要愿意的都可以唱。火把的柴烧完，庆典也就结束了。在东片区，观众不少于1000人，燃放了100多元钱的鞭炮。大家一面观看嬉戏，一面喝婴儿家长敬来的酒，吸他们敬来的烟，吃他们敬来的糖果、蚕豆和瓜子，热闹非常。在石龙进行白语项目的毕百灵夫妇全程拍摄，不时表现出赞美的

## 第九章
## 文化持有者的"单音位"文化撰写模式

笑容。村民们一直在热闹着,直到12点过后,人群才逐渐散去,火把节才结束。婴儿的父亲们还要守着火把,直到火把全部燃尽,火熄灭为止。

西南片区火把竖立的过程和东片区相同,就是人太少,仅一百多人在观看。当然,今年,东片区由村委会组织,外国专家也参加,气势就大一些。大多数村民说,今后再组织好一些,全村共竖一根火把就可以了,没有必要竖两把。估计今后两片区合并竖火把的可能性比较大。

今天,张德元领着三儿子(云南中医学院三年级学生),张定坤和二儿子两家备了供品到本主庙祭拜,求清吉平安。李义才和张佑吉都已70多岁,今年先后去世。今天,李义才的儿媳和女儿,张佑吉的妻子和儿媳李瑞金,两家分别上坟祭祀。

白语培训负责人毕百灵先生和毕丽丝女士到村中和村干部商量有关事宜,同时参加村民过火把节,观看了竖火把活动。

剑川2部车子2个人,沙溪2部车子4个人来石龙村收购松茸。沙溪二妹夫妇继续卖猪肉。剑川一男子拉来鲜饵丝在村中销售。每市斤售1.2元。

**2004年8月11日 农历六月二十六日 属日壬戌 晴间多云**

村民照常上山采摘松茸和野生菌,菌类产量有所下降,但价格稳定。放牧、收购野生菌、烤干片的各家各户照常进行。

今天是火把节第二天,村中所有嫁出去的姑娘,无论老少都回娘家吃一餐午饭。吃的是八大碗,非常隆重。家家如此,否则被人笑话。

张四德到马登一四川老板办的铅锌冶炼厂打工，已去了四个月，前两天回家过火把节，今天回马登。他每天工资20元，三餐免费。

村民李福臣、李三楞和李鸿才三人到石宝山宝相寺打工，主要是为重修"十姊十妹"寺浇灌地基。工头是宝相寺住持陈树金师傅的儿子陈小舟。每天每人可得工钱20元，供吃三顿饭。村民张宝山赶两匹马为宝相寺驮原材料，每天可得100元左右的报酬。

剑川1部车子，沙溪3部车子5个人来收购松茸，从总体来看，石龙的菌类市场有所降温。

**2004年8月12日 农历六月二十七日 属日癸亥 晴间多云**

大多数的村民依然上山采摘松茸和野生菌，松茸产量稳定，价格每公斤200元。放牧、收购野生菌、烤干片的各户照常经营。另有7个村民拉了7匹马到石宝山驮游客，每人净收入15元。

今天村里嫁出去的姑娘有一部分回娘家过火把节。

火把节过后，烧柴余1000公斤左右，念佛会负责人李根瑞把它卖给石龙水库养鱼的张瑞林、张四全等三人，价格大约是120元，念佛会将用这些钱买石灰修本主庙。

6岁的男孩阿灿在爬车时把后门掀下来，自己跌在后门下，但伤不重。后门倒下时还有2岁半男孩张益华在下面，但没有受伤。差一点就要出大事，令人后怕。

剑川1部车子，沙溪5部车子，甸南3部车子，共20个外村人来收购松茸和牛肝菌、北风菌。丽江1部车子2个人来收购牛肝菌。

这一日志片段展示出火把节前后村民的生活全景,与现有的有关火把节叙述具有明显差异。简略言之,火把节仪式的展开与日常生活活动是同时并行并相互渗透的,前者是后者的自然而有机的组成部分,后者并未因前者的到来与展开而中断;同时,不同族群、不同村落,火把节仪式的举行时间和过程是相异的。从中可以看出,现代人类学的全貌论、整合论、相对论等原则得到了较为充分的体现,换言之,文化的自然存在样态就是全貌的、整合的和相对的。

## 三、用汉语叙述:基于中国少数民族与汉族的文化关系的本土化实验

近年来,中国文化人类学的"本土化"呼声渐强,且有对汉人社会研究的一些探索,但对于少数民族社会的研究,大都止于"需要本土化"之类的"舆论动员",少有"如何本土化"方面的"指点迷津",更缺乏"以身试法"的"躬身实践"。尽管这是一个相当复杂的问题,在此不做专门的探讨,但可以从中国文化人类学20世纪30—40年代的学科发展史中获得如下初步的启示,这就是:中国文化人类学"本土化"学术实践的核心是民族志的"本土化",而民族志实现"本土化"的基本前提是,选择适合中国社会文化实际的途径,将国际文化人类学前沿性理论方法用于中国社会文化的田野调查与民族志书写的实验,以参与到当前国际文化人类学前沿性问题的探讨,并在当前国际学术前沿的平台上进行理论和方法的创新。

前文述及的费孝通先生的《江村经济——中国农民的生活》(以下简称《江村经济》)和林耀华先生的《金翼——一个中国家族的史记》

认识论、研究议题和方法创新：
论重建民族学

（以下简称《金翼》）两本经典民族志，不仅是学术创新的典型案例，同时也是中国文化人类学"本土化"的成功典范。两位人类学家以当时被国际人类学界所公认的理论和方法为学科平台，以具有悠久历史文化传统的中国社会文化为研究对象，并从中国社会文化的实际出发，分别选择了在西方工业文化影响之下的农村生活变迁和家族制度这两个最具中国社会文化特色并在中国社会文化中占据重要地位的问题进行调查研究，从本土文化的眼光和中国文化的表达方式进行民族志书写。诚如马林诺夫斯基所说："我敢预言费孝通博士的《中国农民的生活》（又称《江村经济》）一书将被认为是人类学实地调查研究和理论工作发展中的一个里程碑。此书有一些杰出的优点，每一点都标志着一个新的发展。此书让我们注意的并不是一个小小的微不足道的部落，而是世界上一个最伟大的国家。作者并不是一个外来人，在异国的土地上猎奇而写作的；此书的内容包含着一个公民对自己的人民进行观察的结果。这是一个土生土长的人在本乡人民中间进行工作的成果。如果说人贵有自知之明的话，那么，一个民族研究自己民族的人类学当然是最艰巨的，同样，这也是一个实地调查工作者的最珍贵的成就。"[1] 弗思对《金翼》也做出了类似的评论，他说："作者（指林耀华——引者注）似乎是身临其境，不论是在药铺、在闺中，还是在土匪山老巢，他都能真实地告诉我们每个人物的言行举止，甚至能探寻他们的心灵深处，解释他们当时的动机和昔日的感情。……他写的是他的故乡，他从童年开始直至成年相识的人们。倘若他并不是一直与

---

[1]［英］马林诺夫斯基：《江村经济·序》，见费孝通著：《江村经济》，北京：商务印书馆2001年版，第13页。

他们朝夕相处，至少他也是经常处于相同的环境。"[1] 因而，尽管这两部民族志都先以英文版在国外出版，但无论是研究的对象和主题还是文化书写的视角和表达方式都是"本土化"的。

自《江村经济》和《金翼》问世以来，国际人类学发生了巨大的变化，当年被视为最先进、最科学的理论方法受到了反复的证实与证伪、肯定与否定的挑战，并从中发展、变异、衍生、创造出流派众多且取向相异的当代文化人类学理论和方法。中国人类学自 20 世纪 80 年代恢复发展以后，一批年轻人类学家尤其是曾留学欧美的人类学家进行了当代国际人类学的大量译介工作，这对于中国人类学的理论方法创新是非常必要的和不可或缺的。但这还是远远不够的，理论译介仅只是手段，目的是进行"本土化"创新，是将其作为背景、视野或工具对中国社会文化的事实和经验进行调查研究，撰写出具有时代特征、中国特色的民族志，解释与回答现代化进程中和全球化背景下的中国社会文化的理论和现实问题。因此，沿着费、林二位先生开辟的道路，站在当下国际人类学的平台上，进行现时代的中国文化人类学理论方法创新，撰写出"本土化"的当代中国新民族志，这是时代赋予我们的职责和任务，也是当代学术背景下中国人类学学术创新的关键环节之一。

在当前国际人类学界关于民族志书写问题的研讨中，研究者与研究对象的关系是一个关键性的问题。因而，研究中国少数民族社会的民族志，要解决的一个首要问题是中国的人类学工作者即以汉文化为主导文化的研究者与研究对象即少数民族之间的关系有什么特征？以

---

[1] [英] 弗思：《金翼·英文版导言》，见林耀华著：《金翼》，北京：生活·读书·新知三联书店 1989 年版，第 1—5 页。

认识论、研究议题和方法创新：
论重建民族学

汉文化为前置文化结构的学者视角下的少数民族文化和西方人类学家视角下的非洲文化、印第安文化等，都可以称为"异文化"，但其"异"的程度和本质却是截然不同的。前者之"异"，是同一种文化之内的不同文化类型的差异或同一种文化类型之中不同文化分支的差异，即中华民族"一体格局"文化中的"多元"的差异；后者之"异"，是基本上没有实质性关联的两种文化之间的差异。费孝通先生提出的"中华民族的多元一体格局"命题，是理解与把握中华民族中各民族文化之间关系的关键词。一方面，中华民族的起源是多元的，各文化区、各民族以及各民族内部各支系之间的文化也是多元的，正是这种多样性、多元化的文化构成了色彩斑斓、博大精深的中华民族文化。另一方面，从新石器时期起，中华大地上的各文化区、各族群文化之间传播、接触、交流与融合的文化互动便开始了。从春秋战国时期起，各族之间的交流与融合进入频繁而密切的阶段。在汉族形成以后的两千年漫长历史中，其他族群融入汉族的所谓"汉化"和汉族融入少数民族的所谓"夷化"的"民族流动"从未停止过。在这种民族流动过程中，逐渐形成了一个凝聚多元文化的核心——汉族及其文化通过"一个点线结合，东密西疏的网络"[1]传播与融入各少数民族及其文化之中，从而构建起由区域性到全国性、由弱到强的多元一体格局。由此可见，在中国，以汉文化为基础的学者和作为研究对象的少数民族之间的关系，是"一体"之内的"多元"的差异，两种文化之间存在着悠久、密切、深刻的内在联系，而且研究对象即少数民族文化中吸纳了汉文化的诸多因素，从而使中国人类学者与其研究对象之间保持着远非西

---

[1] 费孝通：《中华民族的多元一体格局》，见《费孝通选集》，福州：海峡文艺出版社1996年版，第350页。

# 第九章
## 文化持有者的"单音位"文化撰写模式

方学者所能具备的亲密关系和沟通条件。

作为中国文化重要组成部分和中华民族交流沟通的最重要的工具,以汉文化为基础的汉语及其书写符号系统汉字早已为多数少数民族所接纳,除了大多数回族把汉语作为母语之外,许多少数民族还把汉字作为重要的甚至是唯一的书面记录与表达符号。随着近代以来民族—国家的形成、文化教育和现代传媒的推广,汉语在少数民族中程度不同地得到普及,绝大部分少数民族农村都有人能够使用汉语交流、运用汉字进行书面叙述表达。中国少数民族语言文化的这一特征,使村民们运用汉语记录成为可能,也使运用"村民日志"的模式描述中国少数民族社会文化的民族志实验具有了中国特色;同时,为了使之能够为更为广泛的群体所阅读,运用汉语记录也是一种别无他途的选择。

不可也不必隐讳的是,10本日志之间存在着文化书写和言语表达的明显差异。从表层上看,这一差异所呈现的是不同民族、不同村民运用汉语进行言说与表达的能力的差异,从而显示出不同民族、不同村民受汉文化影响程度的差异;从深层上看,在少数民族村民运用汉语记录的过程中,作为叙述的符号和传播中介,汉语及其特有的无意识结构和术语等被法国精神分析学家拉康(Jacques Lacan)称为交流对话的"第三参与者"因素,无疑参与日志的文化叙述的建构之中了。但无论前者还是后者,其本身就具有学术研究的价值。美国语言学家、人类学家萨丕尔(Edward Sapir)认为:"言语这一人类活动,从一个社会集体到另一个社会集体,它的差别是无限度可说的,因为它纯然是一个集体的历史遗产,是长期相沿的社会习惯的产物。言语之有差别正如一切有创造性的事业都有差别,也许不是那么有意识的,但是正像不同民族之间，宗教、信仰、习俗、艺术都有差别一样。走路是一种机体的、本能性的功能（当然它不是一种本能）；言语是一种非本能性的、获得的、'文化的'功能。"[1]因此，"村民日志"除了其所叙述的内容可以作为研究对象之外，文本本身亦可置于当代实验民族志研讨的学术背景下作为一种"社会事实"进行解读。

正如美国人类学家马尔库斯和费彻尔所言："在这样一个时代，我们承担着一种风险，即，我们既可能拥有巨大的潜能，也可能因走进死胡同而无能为力。"[2]可以归入"新民族志实验"的"村民日志"的命运，究竟是前者还是后者，只有让时间告知。

---

1 [美] 爱德华·萨丕尔：《语言论》，陆卓元译，北京：商务印书馆2005年版，第4页。
2 [美] 乔治·E.马尔库斯、米开尔·M.J.费彻尔：《作为文化批评的人类学》，王铭铭、蓝达居译，北京：生活·读书·新知三联书店1998年版，第11页。

## 附录
## 博闻强学 启智创新
——何明教授谈个人学术历程及云南大学民族学学科发展

**何明简介**

何明,云南大学教授,博士生导师。历任云南大学社会学系主任、《思想战线》编辑部主编、社会科学处处长、云南大学附属中学校长、民族研究院院长、人类学博物馆馆长、教育部人文社会科学重点研究基地云南大学西南边疆少数民族研究中心主任。受聘为国务院学位委员会民族学学科评议组成员、教育部民族学类教学指导委员会成员、中国民族学会副会长、中国人类学会常务理事、泰国清迈大学可持续发展研究中心理事。享受国务院政府特殊津贴、云南省人民政府特殊津贴,为全国自强模范、中共云南省委直管专家,云南省民族团结进步先进个人。先后为美国威斯康星大学、比利时鲁汶大学高级访问学者。学术成果丰硕,获第二届中国青年社会科学优秀成果奖,教育部第六届普通高校优秀成果奖,教育部社会科学司优秀咨询报告奖,宝钢优秀教师奖,云南省哲学社会科学优秀成果奖一等奖、云南省教学

认识论、研究议题和方法创新：
论重建民族学

成果一等奖等。

**采访整理人**

洪颖（云南大学民族学与社会学学院副教授，博士）

**访谈时间**

2017年9月20日

**问**：许多与您接触过的同学、同事、同行提到您，经常会说您是通才，通晓多个学科，视野开阔，思维敏捷，这与您的求学经历一定有关联。您能给我们讲讲这是怎么修炼成的吗？

**答**：说我是"通才"，实在不敢当，只能说是个学术流浪汉，辗转多个学科领域，是人生际遇的一个结果吧。我1978年考入云南大学中文系，大学毕业后，被分到滇西纺织印染厂教书。那时候感觉自己性格比较内向，才性和想象力欠缺，不擅长跟人交流，也不是当作家的料，所以想学古文献学，在音韵学、文字学和版本、目录、校勘等方面下了很大功夫，打算在图书馆之类的地方从事文献整理之类的工作。于是就准备报考北大中文系古典文献学的研究生。可是那一年没有招生，我正郁闷时，正好赵仲牧老师被当时的大理师专请去讲课，我就去听他的课，赵老师告诉我说云南大学获批文艺学硕士点，就要招生了。于是，我就努力备考，又回到云南大学念文艺学的研究生。

我之前为了考北大研究生，主要是看先秦的文献，而赵仲牧老师偏重的是西方哲学，所以我又得往这个方向上转。从原来想做和古代文献打交道的事儿，变到了哲学美学研究，这算是第一次转向。赵老师是一位哲学造诣深厚、思维非常严谨的学者，在一定程度上讲，云南真的很难找出第二个这样的人物了。他搞元哲学、元美学研究，当时中国社科院哲学所在全国学界影响很大的学者来云南，都会去拜访他，和他探讨学术问题，对他这样一位才华横溢的学者竟然蛰伏在西南一隅感到惊异和惋惜。我算是赵老师最早独立招收的研究生之一，那一年招了两个——我和李旭。赵老师博览群书，他的家到处都是书，除了书房外，卧室、客厅都堆满了书，他通晓哲学、美学、文学、历史甚至地理学、天文学，当然他最酷爱的是西方哲学史和西方美学史，从古希腊到当代的哲学思想如数家珍，特别推崇经验主义哲学、分析哲学和语言哲学，对休谟、康德和维特根斯坦有很深的研究，而对西方理性主义哲学持有较多的批判态度。而我之前读得比较多的是黑格尔的著作，受理性主义哲学影响比较深，所以刚开始读硕士时，我一发表看法就被赵老师驳回来，因为这个路径和他的套路完全不一样。我花了一年多的时间拼命读书，从休谟、康德，一直到胡塞尔、维特根斯坦等等，终于，思考问题的方式有所改变，能够和赵老师对话了。这段求学经历对我来说，一方面是视野的开拓，另一方面是思维方式的锻炼。因为经验哲学和分析哲学是一种从事实出发进行分析的思维路径，一层一层地剥，最后剥出一个核心问题或结论来，而不能开始就设置一个论断，再选择能够证明自己的论点的材料。赵老师写东西慢也和这有关，他必须要论证得周严，要从事实出发，而不能从概念出发，不能靠推导得出东西。赵老师对我的影响很深，不仅仅是传授知识，引导我读了很多哲学著作，更主要是研究路径的指引和思维方式的训练，甚至对我做管理工作都有影响。

读硕士期间，我妻子和儿子在大理，儿子已经上小学，我无论在日常生活上还是在经济上都无法照顾家庭，深感亏欠他们母子太多。硕士研究生毕业后，尽管非常想继续走学术之路，考博士，但不想再亏欠他们母子，所以不想出省去读了。那时候，云南大学的文科博士点只有经济史和民族史，最后决定还是先工作，尽早实现家庭团聚。工作一段时间以后，觉得还是想回学校做学问。当时想回云南大学，但有硬杠杆卡在那里：要求要么是副高，要么是博士。我只是个硕士，又没有职称，所以必须得考个博士。这期间我和李埏先生接触比较多，我喜欢李埏先生那种做学问的风格：不光是史料考据，同时还有理论分析，而不是像许多历史研究那样一味堆砌材料。所以，我就想考李埏先生的博士生。考完试了以后，说李埏先生退休，就把我转给了朱惠荣老师。朱老师的史料功夫很深，特别在徐霞客研究方面有精深造诣。朱老师非常包容，我胡思乱想胡说八道，他也就任我说。我跟随朱老师学习，在史料这一块，又补了一些课。

**问**：那您在调入云南大学之前的工作经历又是怎样的呢？

**答**：1982年本科毕业后，我在滇西纺织印染厂工作了五年。刚开始是教职工文化双补课，这个比较简单。后来，企业办起了电大班，我被派到电大班当辅导教师。所谓"广播电视大学"，按理教学主要通过广播电视传播为主，但当时地州接收电视信号的条件很差，电视课经常无法收看；而广播课虽然接收信号没有什么问题，但学生的学习效果不好。因此，事实上所谓的"辅导教师"变成了"主讲教师"。那时候工厂的文科本科生稀缺，我算是个重点大学毕业的文科本科生，那电大班的文科课程就几乎全部归我。开始办的是理工类的专业，我就教哲学、政治经济学。说实话，这些课程都不是我的专业范围，在大学里面就没好好学过，那要上课怎么办啊？我就尽量去买书、借书，然后就备课、上课。后来又开了一个文科班，但年纪大点儿的同事又把他们觉得好上的课都抢走了，就把逻辑学、中国通史、古代汉语之类的课程都给我了。结果每门课我都要花很大的精力，每天晚上、节假日和假期都在备课，教案写了好几大摞，教中国通史、逻辑学、哲学、政治经济学、古汉语等等，那时候的教案现在我还留了一些做纪念。到我搬家的时候，把书桌抬起来才发现，桌下还真的踩下去了两个脚印。在那段时间，正巧碰上中央电大在西南师院，就现在的西南大学，办电大师资辅导班。金岳霖先生的关门弟子苏天辅先生当时在西南师院，中央广播电视大学就委托他办了一个逻辑学的电大辅导教师的培训班。我就去那里培训了三个月。那时刚好《光明日报》哲学副刊刊登了南京大学的一个叫郁慕镛的副教授对苏天辅先生那个教材的批判，我那时也是年轻气盛，就写文章反驳他。后来《光明日报》就摘登了我的争鸣文章摘要，这就是我1985年在《光明日报》发的第一篇东西，得了五块钱稿费。回想在滇西纺织厂教书这一段经历，当时的目标很单纯，就是为了做一个合格的老师，为此下了很大的功夫，现在看起来还是很受益的。

第二段工作经历是硕士毕业后。先去了昆明市地方志办公室，修昆明地方志，负责农林口。当时看了关于松花坝、金汁河、银汁河、石闸等地的相关文献，觉得还是得去实地走下。有时候也和水利局几个编水利志的老先生们聊，然后他们会带着我去跑跑。刚开始觉得这个活很无聊，用哲学的眼光看，这太没意思了，是吧？但后来慢慢就觉得蛮有意思。这时候，正好谢本书老师受到川大隗瀛涛先生做重庆城市史项目的启发，也想申请项目做昆明城市史研究，就约我们一起申报了个中华基金项目，也获批了，那我们就要开始写了。当时我并不满足于史料的堆砌，就琢磨怎么写。刚好就买到了一本光明日报出版社出的美国城市社会学家的论文集《城市社会学》，反复地读这本书，就是想怎么来解释城市。这一段就算是跨了地方史这一块了，同时也学了一点社会学的东西。我原来做地方志是以编为主，做城市史研究就强化了研究性，并与实地研究有所结合，多少找到一点地方性研究和实地研究的感觉，当然还算不上田野，只是实地踏勘一下而已。

1995年5月我又从地方志办公室调到了昆明市社科联，有了另外的一种转变。社科联算是市里面的社会科学机构，做一些现实问题的调查研究，比如当时的小城镇建设、昆明的城市化、滇中城市群以及旅游之类问题。因为市政府有一个经济研究中心，经济研究基本上由他们做，社科联做社会文化方面的项目比较多。滇中城市群的研究，我们可能是最早的，当时还得了省社科规划重大项目。项目由我们领导牵头，我是主要研究者和成果的主笔者。除了昆明外，我们到曲靖、楚雄、玉溪都做过调查，最后完成了专著《滇中城市群发展战略研究》。那一段时期，又研读了一些城市社会学的理论，写了一本《昆明城市研究》的书。所以，这个过程也是一个让我不断"飘"的过程，没有始终坚持一个学科从头做到尾，变成了学术"万金油"，就是什么都知道一点，实际上什么都不深入，什么都不精。因为工作的原因，今天做这个明天做那个，不断地"转场"，不像你们从本科到博士都学同一个专业，至少相关性密切的专业，博士毕业就到高校、到研究机构，可以持之以恒地做同一个学科领域的研究。但对于我来说，当时能有一份稳定的工作，是非常重要的。

**问**：那您是怎么转向民族学、人类学的呢？

**答**：现在回顾起来，我和民族学、人类学似乎结缘已久。念硕士的时候我做的中国古代美学研究，当时一直琢磨要把中国古代美学放在文化体系里面去看它，现在看这种模式可以称为"审美文化研究"。

为此，当时读了一些人类学的书，从泰勒的《原始文化》、弗雷泽的《金枝》、怀特和萨林斯等人的新进化论、本尼迪克特的《菊与剑》（当时这个并没有翻译为《菊与刀》）、列维-斯特劳斯的《结构主义人类学》、布留尔的《野性思维》、萨丕尔的《语言论》，一直到胡塞尔的现象学、利克尔的解释学、德里达的解构主义，等等。因为原来接触过逻辑学，我就对各种文化的思维方式、语言与思维的关系等特别感兴趣。当时发表的东西，都是放在大的文化背景中来讨论问题，当然很多可能带有泛文化研究的性质。比如说我那本《诗性逻辑与诗化美学》，就是研究中国古典美学的思维方式，并置之于中国传统文化体系之中进行解释。受本尼迪克特和布留尔的影响，就想探讨不同文化的思维方式。我向赵老师提出了这个论题，赵老师很感兴趣，我们讨论了几个月，我记录整理出了《论思维的类型》这篇文章，后来在《哲学研究》上发表了。我的硕士论文写的禅宗，关于严羽的《沧浪诗话》，里面写了很多禅宗对中国诗学的影响，还写了关于中国古代的思维方式、汉语与中国文化的思维特征之类的东西。这本硕士论文后来被台湾佛光山收入了其佛教研究典藏。

后来，云南大学成立了民族经济文化研究中心（西南边疆民族研究中心的前身），张文勋老师做主任，他组织一批年轻人参与讨论、设计研究选题，我也在其中做一些事。记得他召开民族文化研讨会，通知我们写论文参加，我写了一篇《文化体系论》，后收录于他主编的《民族文化论集》之中。他召集了一批年轻人合写一本专著《滇文化与民族审美》，提纲确定后交由大家分头写文章，安排我写云南青铜文化部分。我不懂考古学，但年轻人嘛，老师给机会就努力学习吧。当时找来一大堆考古学方面的书刊，想方设法收罗云南青铜考古方面

认识论、研究议题和方法创新：
论重建民族学

的研究论著和考古发掘报告，对汪宁生、童恩正、李昆声、王大道、张增祺等先生的书和论文反复阅读，对汪宁生先生的《民族考古学论集》非常着迷，其中征引了许多人类学的田野调查资料，比如太平洋岛屿民族的猎头习俗、生殖崇拜仪式等等。这个课题的研究和书稿撰写，让我增加了许多民族学、人类学的理论和知识。

经廖国强引荐，我研究生毕业后于1990年9月到昆明市地方志办公室工作，我们俩不仅是同事，还曾住同一宿舍，两人晚上经常聊得很晚。廖国强跟随李埏先生和武建国老师攻读中国经济史硕士研究生。一天晚上，他说到他在阅读唐宋经济史料时发现，在唐代的南方经济开发过程中，竹子产业占有重要地位。我从文学和美学的背景出发，知道竹子在中古代是很重要的一个绘画的题材，墨竹画自成一类；而且，在中国古代诗词、笔记里面也有很多关于竹的象征的内容。再者，我小时候在浙江生活过，有印象当地人使用竹器也很多。我们俩觉得这个蛮有意思，于是决定合作做一个关于竹子的研究。之后见到读本科时的同班同学、当时任云南教育出版社副社长的周鸣琦，我和她说我们正在做中国竹文化研究，她非常感兴趣，说书稿完成后交给她，她争取作为本版书出版。对于年轻人来说，这无疑是一个天大的机会，激励着我们加快研究进度。为了写这本书，我们俩开始做田野调查。比如说，彝族有祖先是从竹子里面来的传说，我们就去禄劝、武定彝族村子调查；傣族用竹很多，从日常生活到宗教信仰活动都离不开竹子，还赋予了竹很多的意义，我们就到西双版纳正儿八经地住在傣族寨子里做调查。因为要解释清楚竹的象征意义，我下了很大功夫阅读象征主义、结构主义、符号学等方面的理论书籍。当时我们俩分工，廖国强负责写竹子的实用性内容，就是竹子在生产工具、生活用具、交通工具、建筑等方面的内容；我负责写导论、结语和竹的象征性、符号性内容，包括竹在文学、艺术、宗教、伦理中的用法和意义。《中国竹文化研究》出版以后，反响还不错。之后，云南人民出版社又跟我们约稿，弄了一本《竹与云南民族文化》。那时候我已经调到昆明市社科联了。我和廖国强两个去做了一些调查。比如说，到文山调查壮族用竹的习俗，访谈当地的文化精英和宗教人士。之后，无意中和出版社的编辑聊起少数民族喝酒的事，编辑很感兴趣。我就约了当时在禄劝县志办工作的好友吴明泽，合作写了一本《中国少数民族酒文化》。

在调查研究少数民族竹文化的过程中，我和廖国强感受到少数民族地区生态环境日益恶化，不仅竹林面积迅速减少，而且一片片原始森林被砍伐，许多山都光秃秃的。彝族的密枝林在迅速消失，我们从而意识到生态文化研究的重要性和迫切性。到20世纪90年代中期，国家开始关注生态问题，开始实施一系列的生态保护政策措施，民族学界有宋蜀华先生等推动民族生态的研究。于是，我和廖国强、袁国友就商量约起来申请国家社科基金青年项目，选题是"中国少数民族生态文化"，居然也就获批了。这是我和我的同伴们第一笔科研经费，以前购买图书、复印资料、做田野调查的费用，都得从自己的工资里出。当时工资很低，出去调查、购买书籍，时常会感到手头拮据。现在有了经费，解决了后顾之忧，积极性大增，跑了许多地方，民族学、人类学的意识更明晰了一些，做了好些实地调查，又读了一些生态人类学的书，包括新进化论，还有萨林斯早期做的那些研究。当时做研究不为评职称，完全出于一种冲动。

1998年，我考上了云南大学的博士研究生，就有资格调入云南

## 认识论、研究议题和方法创新：
论重建民族学

大学了，在与马列部合在一起的社会学系当个普通老师。那一年，我破格晋升了副高职称。当时报送的材料大概有130多万字，原来想直接申报正高，材料送到人事厅，结果说没人从无职称一步就到正高的先例，最多报副高，申报材料被退了回来，改报了副高。一年以后的1999年7月，我又破格晋升到正高级职称。这一年，社会学实质性恢复事宜纳入了学校议事日程，学校决定成立公共管理学院，下设了四个系——政治学系、行政管理系、哲学系、社会学系，我被任命为社会学系的系主任。当时感觉非常荣耀，云南大学社会学系的创系主任是吴文藻先生，当过系主任的陶云逵、费孝通、许烺光、杨堃都是学界的"大牛"，对人夸耀说"我的前任是杨堃先生"，工作积极性高涨，开始筹划课程建设和团队建设，成立了课程组，组织教研活动，争取到省政府的课题"国企下岗职工社会保障制度建设研究"，还与省计委（现名为发改委）合作成立了"云南省社会调查研究中心"，想模仿吴文藻、费孝通先生当年的"社会调查研究室"的模式，大张旗鼓地做事，把云南大学的社会学学科做起来。不料想，那一年年底，学校决定公开选拔一批处级干部，其中的一个职位是《思想战线》编辑部主编。突然有一天，马列部的同事打电话来说他们向学校组织部推荐我去应聘《思想战线》主编，接着学校组织部通知我参加《思想战线》主编的分开选拔面试。因为我在昆明社科联时任编辑调研室主任，常规工作就是主持编辑内部学术期刊《昆明社科》，对学术期刊编辑工作有切身体会和思考；同时因为在读硕士研究生时就在《思想战线》发表过文章，之后经常有论文在《思想战线》上发表，算是一个老作者，对它的情况有所了解，所以在面试时表现还比较突出，学校最后选择了我。1999年12月，我走马上任，在《思想战线》主编岗位上一直干了8年,2007年5月才离任,到民族研究院任院长。

**问**:云南大学许多人都知道,当年高发元书记主持"211工程"一期民族学学科建设时,您做了许多实实在在的工作,您能谈谈"211工程"一期的建设情况吗?

**答**:我到《思想战线》时正好是云南大学"211工程"第一期进入建设末期。《思想战线》当时由学校党委书记高发元教授直管,我不时要向高书记汇报工作,而他常常会提到民族学的建设问题,我就把我的一些想法给他说了,其中包括组织多学科调查研究云南少数民族,还写了一份关于构建云南大学"大民族学"的书面建议呈报给他,建议利用云南大学作为综合大学的学科门类比较齐全的优势,发动全校教师和研究生参与民族调查,不同学科对于少数民族的调查都可以发挥作用:法学可以调查民族习惯法和民族区域自治制度执行情况;经济学可以调查少数民族生计方式、消费、分配等经济生活;政治学和行政管理可以调查少数民族农村基层组织和管理;甚至生态学可以调查少数民族的生态知识和生态环境;生物学可以调查少数民族的生物知识及其利用等。不管什么学科背景,只要运用民族学的田野调查方法调查研究少数民族,都可以列入"大民族学"的范围。

那时,云南大学的"211工程"一期建设已经进入后期,但民族学的学科任务进展不理想。时任校长朱维华教授主持召开会议,敦促民族学和生态学两个重点学科建设任务的进展,记得他指出民族学学科建设方案中云南少数民族调查尚未开展,经费预算执行进度迟缓,再不推进就无法通过验收。为了完成民族学学科建设任务之云南少数民族调查,学校党委决定成立"跨世纪云南少数民族调查领导小组"及其办公室,高书记亲自担任领导小组组长,我被任命为办公室副主任,参与到 2000 年寒假开展的云南人口在 5000 人以上的 25 个少数民族村寨调查的组织实施工作,我就这样卷入了"211 工程"一期的民族学学科建设。

其实,当时云南大学组织大规模的少数民族调查的条件并不充分。20 世纪 50 年代后期社会学系被撤销,杨堃先生、江应樑先生等从事民族学、社会学调查研究的老师都合并到了历史系,以方国瑜先生为代表的中国民族史研究得以发扬光大,当时云南大学的民族研究及人文社会科学其他学科的研究模式大都采取"读文献"的路径,而吴文藻、费孝通等先辈在云南大学开创的实地研究传统出现了后继乏人的困境,"读社会"的研究模式早已衰落,坚持长期做田野调查的教师寥寥无几。学校决定举全校之力完成云南少数民族调查任务。在高书记的组织动员下,约有 150 多名师生报名参加少数民族调查,至 1999 年底组建起 25 个调查组,由教师或民族学博士研究生担任组长。经过汪宁生先生等一批专家的田野调查方法、调查大纲等培训,25 个调查组在 2000 年寒假期间分赴分布在全省各地州市的 25 个少数民族农村进行调查。其间,高书记、调查领导小组及其办公室成员分别到田野点了解调查情况、指导调查并协调当地党委政府解决遇到的困难。

至 2 月底,各调查组先后返回学校。紧接着,通知每个调查组组长汇报调查情况。从每组汇报的情况看,有少数调查组调查得非常细致深入,如徐中起、张晓辉教授带领的傣族调查组,大部分调查组做得基本到位,少数调查组做得很差,甚至可以说不是太靠谱。各组汇报完之后,我们表达了对能否保质保量完成调查报告的担忧。高书记说,没关系,先把到现场收集的实际资料汇集起来再下决定,实在不行的就让调查组组长返回去补充调查。之后,高书记决定把调查领导小组办公室的各位负责人和各调查组的组长召集起来，住到安宁县区的红星农场一片闲置的房屋，集中封闭撰写各组的调查报告。高书记安排这次调查成果的完成过程分为四个步骤。第一步，拟定25个民族村寨调查报告的撰写提纲；第二步，各个调查组分别撰写调查报告初稿；第三步，修改各组调查报告；第四步，组织校内在民族经济、民族社会、民族法学、民族政治、民族文化等各个领域有较深研究的教授撰写专题研究报告。到达红星农场后，高书记召集开会，确定由我审定各组的调查报告撰写提纲，要求每个组的提纲交给我审定签字后才能开始撰写。组长们草拟出提纲后，就来找我，我请他们详细说明各个部分计划写的内容，尽量挖掘他们所获得的调查资料，并用民族学、人类学的理论概念帮他们梳理材料，以形成像田野调查报告的写作提纲。由此，每一份提纲都要花费两三个小时讨论，而几乎每个组长都深感时间紧、任务重，急切想通过提纲。一个组长刚出来，另一个组长又进来，他们轮番"轰炸"般地窜出窜进我的房间。在那一周时间里，我每天晚上只能睡三四个小时。记得有一天晚上和最后一位组长讨论提纲弄到早上6点多才结束，从房间走出来，腿一软就跪下去了，正好穿了条新裤子，一下子磨破了一大块，膝盖擦破了会长好，可新裤子一下子就成破裤子了，好心疼啊！提纲确定后，各组组长开始撰写调查报告，有些组长在撰写过程中会遇到新的问题，如有些情况当时没有了解清楚，有些数字前后矛盾等等。高书记让我守在红星农场，为大家答疑解惑。初稿基本完成后，高书记让我把《思想战线》编辑部的编辑集结到红星农场，编辑修改25本调查报告，直到把书稿交给出版社。这个过程差不多花了半年的时间，我在红星农场住了半年的时间，其间偶尔回家取衣物或回学校处理事情，随后又回到红星农场。在这个过程中，高书记差不多每周都要抽空到红星农场检查、指导。

这次调查，完成了《云南少数民族村寨调查》丛书，尽管调查报告参差不齐，大多数没有达到"深描"的层次，但毕竟让云南大学的民族学走出了书斋、迈向了田野，而且开启了云南大学人文社会科学的实地研究之风，培养了一批重视田野调查的人才，参与调查的许多教师借助这次调查发表了一批成果、晋升了职称，而参与调查的许多研究生之后攻读了民族学及相关学科的博士，成为民族学、人类学等学科的学者。

接着就接到教育部关于对"211工程""九五"建设情况验收的通知，当时校长安排我撰写云南大学的验收报告和"十五"建设规划，又被封闭在云南大学宾馆写材料。然后就是接受教育部的专家组进校检查验收。当然，验收顺利通过，民族学学科建设获得了不错的评价。此后，我就和民族学捆绑在一起，基本上是脱不了干系了。

**问**："211工程"一期建设结束后，云南大学申报了民族学一级学科博士点和国家级重点学科等。您亲历这些攻坚战，能说说当时的情况吗？

**答**：民族学一级学科博士点的申报，最初是人文学院提供了一份申报材料，然后就由他们汇报。当时我是《思想战线》主编，只是去听会的。在会上，轮到我发言时，就对申报材料谈了一些自己的看法。本以为说完就完事可以回家了，结果被当时学校管研究生的领导拦住，告诉我"你今天不能回家了。这个材料看来是不行，得重新做。在云南大学宾馆开个房间，你和王文光住在那儿重新做材料。星期天上午之前做完，下午学校领导来听汇报。如果材料通过校内评审，你们星期一就带着材料去北京答辩"。在学校食堂吃完晚饭入住云南大学宾馆后，我们就开始研究国务院学位委员会的文件。一看文件，心就凉了。按照一级学科博士点申报文件的要求，云南大学民族学根本就不具备申报条件。当时的文件规定，申报一级学科博士点必须具备两个硬条件：一是拥有一级学科设置的三分之二数量的二级学科。民族学一级学科设有 5 个二级学科，三分之二就意味着至少也要有 3 个二级学科。二是二级学科博士点必须至少有一届以上的毕业生。云南大学在 1998 年获得民族学二级学科博士授权，1999 年开始招生，到 2001 年的时候，学生才读了两年。也就是说，5 个二级学科，云南大学只有 1 个，招收的学生还没有毕业。这简直不达标嘛。我当时很头疼，和王文光老师琢磨着怎么弄。正在这时，王老师他家人打电话说他们家一位老人去世，他就得赶过去，就剩下我一个人挠破头皮地想啊，写啊，绞尽脑汁地挖掘支撑云南大学民族学一级学科博士点的材料和理由。从星期五下午 6 点多拿到材料开始工作，一天两夜没合眼，一直到星期天的早上 7 点多才把全部申报材料重新梳理论证完毕。领导安排计算机学科的人把申报材料拷贝去做 PPT，叫我去睡觉。我睡到中午 12 点多起来吃个饭，下午学校领导就来听这个汇报。汇报结束后，校领导说可以了，你们四个人（王文光、张晓辉、马京和我）明天去北京答辩。那时候王文光、张晓辉已经是博导了，就由他们两位进场答辩；因为文本是我写的，就让我陪同，以便和王文光和张晓辉两位老师沟通怎么汇报、怎么回答问题；马京给我们去做服务。到北京后，生怕因交通堵塞影响答辩，我们就到答辩的地点京西宾馆附近找了一家小旅馆开了两间房住下。由于学校领导反复强调要把一级学科博士点申报作为全校的头等大事来抓，由我们来完成这样一件大事，压力自然很大,大家都很紧张。作为主答辩,王老师就更紧张。一到北京住下,我们就开始在房间里模拟答辩,王老师讲,我们做听众,然后提问、评议、讨论。云南大学的答辩安排在第二天下午,我们四人步行到京西宾馆大门附近时,只见高级轿车一辆接一辆在大门口停下,从车上下来一批又一批人。走近一听,大概知道是北京和附近的高校送人来答辩博士点,被称为"校长""院长"的人与拿着教育部答辩通知要进去答辩的人握手、拥抱,大声而热情地说着"预祝成功"!之类的话。我们四人就显得很寒酸了,没有领导、没有专车相送,当然也要自我鼓励一下,我和马京把王文光、张晓辉送到门口,也学着那些人握手、拥抱,并大声叫着"预祝成功"他们俩进去后,我和马京心里面七上八下地在京西宾馆四周晃悠,大约一个多小时后,他们俩出来了,张晓辉说文光发挥得不错,答辩比较顺利,评委们对云南大学的民族学还是非常认可的。我们接着就赶往机场回昆明,在机场候机时得到消息说云南大学通过了。我们那个高兴劲呀,真的无法形容!向高书记报告了喜讯之后,我们就去买了两箱啤酒庆功,一气喝光。

大概是 2002 年初,又申报国家级重点学科。当时我已是博导了,学校就安排我填写申报材料、做答辩的 PPT 并当主答辩,让王文光陪我去。除了民族学,生态学也同时申报国家级重点学科。学校很重视,洪副校长陪同我们进京,住在蝴蝶泉宾馆,还专门租了车送我们去京西宾馆答辩。因为云南大学民族学做了云南少数民族调查、有一级学科博士点等支撑,这次答辩感觉轻松多了,非常顺利地通过了。

可以说,"211 工程"建设对于云南大学民族学的建设起到了非常巨大的推动,第一期建设使云南大学的民族学实现了跨越式发展,获得了中国高水平学科应具备的所有平台和资源，即：一级学科博士点、教育部人文社会科学重点基地、国家级重点学科、博士后科研工作站。而能够抓住"211工程"建设契机推动云南大学民族学跃上台阶的关键，我认为是高发元书记。在确定云南大学"211工程"重点建设学科时，他坚持"伤其十指不如断其一指"的原则，反对"遍地开花"、"撒胡椒面"、面面俱到的做法，极力主张根据云南的特色和优势重点建设民族学和生态学两个学科。在历史悠久的综合大学做这样的决策，压力会非常大。当时没有被列入重点建设的学科意见很大，"三讲"工作组进驻云南大学后，一些人就去找工作组告状。高书记顶住压力，坚持全校文理科各重点建设一个学科。他在各种场合反复强调的是：大学的基础、活力和知名度，在于学科；学科的影响力在于特色和优势。云南大学不当全能冠军，也当不了全能冠军，只能当单项冠军，要把民族学和生态学建设成为"单项冠军"。民族学和生态学做大做强了，会带动其他学科发展。他20年前提出的这些思路和决策，与今年教育部实施的"双一流"建设理念完全一致。高书记不仅有胆识，能够准确把握事物的关键和核心，有担当敢决断，而且还具有很强的执行力，凡决定要做的事，他都会主动过问与督促，甚至亲力亲为地参与到执行过程中，遇到问题就及时想办法解决。我坚持认为，没有高书记，就没有云南大学民族学的今天。

**问**：接下来就进入"211工程"二期建设了，民族学开展了哪些项目建设？取得了怎样的成效？

**答**："211工程"二期民族学学科建设，我参与了建设规划的制定，2003年正式启动。建设任务主要包括几块内容：第一块是把民族调查扩展到全国，组织开展了中国少数民族村寨调查，由张跃老师牵头，每个组都与当地高校曾经做过相关调查的学者合作完成，最后出版了《中国少数民族村寨调查》丛书；第二块就是云南少数民族调查基地的建设，由我负责，建成了10个调查基地，出版了《新民族志实验丛书》，发表了一批学术论文，研究生以基地调查为基础完成了硕士、博士论文；第三块是人类学博物馆建设，由尹绍亭老师负责，完成了场馆建设、影视人类学实验室建设和展厅的布展；第四块是少数民族基因调查，由肖春杰老师负责，抽了各个民族的血样，建成了少数民族基因库。此外，还有理论研究和应用研究。

当时我兼任社科处处长、《思想战线》主编和云南大学附中校长，具体事务实在繁杂，没有精力做更多的事，除了我负责的调查研究基地之外，其他的工作参与不多，如中国少数民族调查，我只参加了培训，向参加调查的师生讲解调查大纲。

调查基地建设由我全程负责组织实施，情况了解得比较全面。调查基地的建设目的，一方面是为我们的教师长期跟踪调查搭建平台，推动调查研究不断深化，培养族别研究的专家；另一方面是为学生的田野调查实习提供条件，让学生接受系统的田野工作训练。当时确定的选点原则是：从人口在5000人以上的25个少数民族中选择10个村，要求是民族文化传承相对较好，交通相对便利以方便师生经常来来往往，最好有前期的调查基础或当地党委政府能够给予支持。基地的基础建设主要是：在村子里建或租一个200平方米左右的房屋，配备床、被褥、桌椅、电脑、网络及炊具，能够提供10名左右的师生的食宿和进行调查、整理资料和讨论等。运行方式是聘请村民1至2人，记录村里每天发生的事情，形成《村民日志》，并负责维护基地。基地调查选点过程是：有意参加调查基地建设的老师提出选点建议，我尽可能约高书记一起去现场了解情况，与当地党委、政府领导沟通以获得支持，比如划拨建设基地房屋的土地，争取配套建设资金等。红河州、怒江州的调查基地都是按这个模式运作而成的。村民日志记录员选定后，又把他们请到昆明开会、沟通。基地建成后，我陪同校领导、基建处、监审处等部门的负责人等到现场进行资产验收。第一批启动的十个调查基地，我每个基地最少都去过三次以上。十个点分布在云南的东南西北，走完一趟差不多要将近一个月的时间。我那几年的寒暑假都用在跑这些点上了。在调查基地的村民日志，远远不仅仅是一个简单的记录的问题，实际上是反思民族志的话语权、表述权转移的问题。这不是学者、外来人写的话，而是给村民话语权，他们直接表述他们自己的生活。后来将第一批村民日志编辑成《新民族志实验丛书》结集出版时，我在序言里就是这样来解读这套图书的。村民日志引起了国际反思人类学大家马库斯的关注，他觉得这是反思民族志的一种模式，他还来过云南大学两次，到过丽江那个纳西族基地。之后，又给村民日志记录员增加了"村民影像"任务，增加了4个调查基地。在2003年开始实施调查基地建设时，我设想能够坚持十年，必定会有效果，没想到十多年很快过去了，至今基地仍然在正常运行，无论是在学术研究方面还是在人才培养方面，都发挥了重要作用。老师们坚持长期跟踪调查，发表了一大批具有一定深度的研究成果；学生经常被安排到基地接受田野实习实训，其中一些研究生就把调查基地作为研究对象，完成了一批硕士论文和博士论文。2009年7月在云南大学召开的世界人类学与民族学联合会第十六次大会，其中的3个村被列为参会代表的学术考察点，接待了来自世界各国的参会代表，3个基地的负责人每天分别向前来参观的代表介绍调查研究成果，获得了好评。自 2009 年获准教育部研究生教育教学创新项目"民族学与人类学田野调查暑期学校"项目以后,每年都有基地接纳来自世界各地高校的研究生的田野调查实习。

**问**:高发元书记离任后,国内民族学和人类学界有人称云南大学的民族学进入了"后高发元时代",学校对待民族学学科建设的态度发生了什么变化?云南大学的民族学是在什么样的条件下继续发展的?

**答**:高书记离任后,学校的办学思路出现了变化。2005 年底,学校决定民族学本科专业暂停招生,原来的民族学与社会学学院被撤销,其中的社会学系归并回公共管理学院,人类学系与西南边疆少数民族研究中心、人类学博物馆合并成民族研究院,王文光由原来的研究生院院长转任民族研究院院长兼西南边疆中心主任和博物馆馆长。那个时候,"211 工程"二期建设已经结束,三期尚未开始,可以说没有任何项目和资源支撑,本科招生被暂停,当初云南大学和省教育厅联合上报给教育部的文件中承诺的每年拨付西南边疆中心的建设经费也中止了,原来西南边疆中心承诺资助出版的学术著作的作者经常来办公室催资助经费。因为人员来自不同的机构,学校又不重视不支持,研究院缺乏整合机构和人员的资源而无能为力,许多老师无所事事,研究院人心涣散,民族学处于没人过问、没有领导关心、几乎停摆的状态,由门庭若市变成门可罗雀,一些其他学院原来做与民族学、人类学相关教学科研的老师甚至回避与民族学的联系。民族学在云南大学被边缘化了。

在这个时候,我先后被免去云南大学附中校长、社科处处长两个职务,只任《思想战线》主编一职,感觉就像长途背负重担行进中突然卸下担子,顿感轻松得太多,有时间和精力读书和写东西了,偶尔抽空去做一点调查，发表了几篇艺术人类学的论文，学界反响居然蛮强烈，我重新找到做学问的感觉，完全沉浸在艺术人类学的学科建构和理论思考之中。正在我信心满满地构架中国艺术人类学学科时，一个电话打乱了我的研究计划。这个电话是当时的校长打来的，他约我见面，说让我和王文光"交换场地"，他来《思想战线》做主编，我去民族研究院做院长。当时我坚决拒绝，表示就算把我这个处级干部免了我也不去。他无奈之下，让其他校领导做我的工作。尽管非常不情愿，最后还是不得不接受学校的安排，学校领导来院里宣布时，我对全院职工说："我是被学校押送到民族研究院的。"

到了民族研究院，我了解到更多的情况，发现状况比我想象的还要差，既没钱又没人。除了学校拨付的办公经费（基本只够交电话费）和学校按生均核拨研究生培养费之外，没有任何做事的经费；人员总共就30多个，除了办公室的行政人员和博物馆工作人员，专职教学科研人员只有20个，其中差不多一半的人多年没有科研项目、没有论文发表。教育部重点研究基地只留下一间办公室，已成"空壳"。我给学校写报告，要钱、要人、要房子。报告交上去一直没有下文。这时接到教育部通知，要对教育部重点研究基地西南边疆少数民族研究中心进行评估，还发布了评估办法和评估指标。我有了"尚方宝剑"，就以教育部的基地评估要求和评估指标为依据列出西南边疆中心存在的问题和整改措施，去找校长面谈。白天找不到，就晚上去守着。终于等到他了，说：要评估基地了，你看怎么办？依目前的状况，肯定通不过，通不过就要摘牌。他问：那怎么办呢？我说要保住基地，就得按照教育部的评估要求，抓紧时间查缺补漏，在评估之前把短板补齐。接着一项一项说明怎么做，需要多少经费，还提出管理制度和运行机制的调整、增加办公用房等等。他都答应了,安排第二天早上开行政办公会决定。经过一番讨价还价,最后学校答应先划拨120万,但有言在先,这120万(元)是预支"211工程"三期建设的经费,经费到位后要扣除;同意增加编制,招聘应届博士毕业生;增加4间办公室等。

有了做事的资源,事情就要做起来。

第一是推动。因为本科专业已经停招而教学任务少,民族研究院的许多人长期未承担教学任务,或只承担了很少的教学任务,在这种情况下仍然多年没有任何科研产出,基本处于"闲养着"的状态。形成这种局面的原因很多,有的是由于个人兴趣、专业训练不足等原因造成的,有的是没有环境压力和氛围导致的。一方面,在全院职工大会上我反复强调研究院的职责就是做研究,专职教学科研人员的职业就是从事教学科研工作,鼓励与要求大家做科研;另一方面,制定了管理制度,规定专职教学科研人员的科研工作量,三年之内科研必须达到与其职称相应的要求,否则就转岗为行政人员或博物馆工作人员。接着开始审查专职教学科研人员的教学科研情况,三年内没有任何科研产出却仍在专职教学科研岗位的人员,要求根据其专业背景和个人意愿,转为行政岗或教学科研辅助岗。被转岗的人员,开始有抵触情绪,后来觉得找到自己合适的位置,也感到很开心。

第二是团结。民族学和人类学学科的基本理念"尊重多样,包容差异"不能只挂在嘴上、写进文章里,更要体现在行动上、融入日常生活里。人与人之间难免会因性格不同、接人待物方式不同、观念不同,形成彼此之间的亲疏关系;大学教师之间还会因师门不同、学术观点不同,形成"文人相轻"的矛盾;加之在"211工程"建设过程中意见相左,云南大学民族学学科内的一些人曾经在各种场合指责过我。我刚到民族研究院时,一些知情人预言:那个"窝子"不好弄,"各路神仙"和他们的弟子们都在那儿,要么各走各的路,要么相互厮杀。我坚信只要本着公平、公正、信任、共享的原则,大部分人会支持我,能够在一起合作共事。我不仅在全院大会反复强调团结做事,而且在行动上不论亲疏、不管师出哪门、不顾对我的态度如何,"英雄不论来路",只要做学术的事,只要对云南大学民族学发展有利,我都支持,愿意为大家的科研和学术活动洽谈出版、筹集经费、安排会务、出面接待等等。在评先进、评职称等问题上,哪怕以前骂过我,哪怕我不喜欢他或她的做人做事方式,但都坚持谁的学术做得好、做得多谁先上。又利用教育部基地的"流动、开放、竞争"的机制聘请校内外的一批学者担任特聘研究员、兼职研究员等,把学者聚拢起来,把"西南边疆中心"真正变成云南大学的民族学"中心"、云南的民族学"中心",甚至西南的民族学"中心"。

　　第三是引导。当时教师特别是青年教师大都没有相对固定而明确的研究方向,是"东一榔头西一棒子",这几天被人家约去做藏族、做旅游研究,那几天被另一帮人拉去做傣族、做基层政权研究,等等,被别人的项目牵着鼻子走。这样就永远不可能开展深入系统的研究、产出高水平的成果,也就无望成为真正意义上的专家。为了改变这一状况,我对老师们提出了"三个稳定"的原则,就是每个教师都应按照一个相对稳定的研究对象、一个相对稳定的研究区域、一个相对稳定的研究领域(如宗教、经济、组织、生态、艺术、历史等等)的原则确定自己的研究方向,长期持续地调查研究。又与青年教师逐一交流沟通,说明云南大学民族学的重点研究区域和各个研究领域的人员分布情况，建议他们把自己的学术背景、基础和兴趣与云南大学民族学的总体规划结合起来，确定自己的研究方向，规划自己的职业生涯。

第四是组织调查。全院教师在2008年寒假带着研究生做田野调查。获得学校的经费支持后，2007年下半年就开始筹划这个事，拟定调查大纲、明确了调查任务和收集博物馆展品等要求，动员全院教职工和研究生参加，调查组组长由具有高级职称或博士学位的老师担任，由组长确定田野点和选择调查组成员，然后由我做总体平衡与调整。最后组建了17个调查组，覆盖了云南绝大多数特有民族和人口规模较大的少数民族。调查组调查期间，我先后到玉溪、红河、德宏、迪庆、丽江等地州去看望各调查组的师生，听取调查情况，提出建议。这次调查对于云南大学民族学来说具有重大意义，就像赛跑的出发号，标志着"停摆"了三年的云南大学民族学重新启动，在新的平台上再出发。尽管青年教师大都是民族学、人类学或相关学科毕业的博士，但有的研究对象并没有锁定在某一区域或某一民族而属于宏观研究，有的研究对象不在西南，有的研究领域与云南大学民族学的总体规划无法对接，等等。通过这次调查，民族研究院的青年教师大都找到了自己的研究方向，以后沿着这个方向持续开展调查研究，发表了一批水平不错的论文，出版了民族志著作，逐渐成长为某一研究方向在全国有影响的学者。

第五是组织交流。制定了学术会议资助办法，支持与资助教师参与国际学术会议和全国性高端学术会议，组织教师去参加与其研究方向相关的国际、国内会议；我们自己也承办与举办了一系列的国际、国内学术会议，动员我们的教师参会与发言，如果是国际会议，我带头用英文发表，引导教师提高英文表达能力和国际交流能力。此外，借鉴"魁阁"时期费孝通先生的"席米纳"(seminar)讨论方法,定期地举办学术讲座和学术沙龙,学术讲座既邀请国内外的专家来讲,也邀请院内和校内的老师来讲;学术沙龙既有本院教师围绕特定时期的重大研究计划进行分享交流的模式,也有师生共同以某一本著作或观点为主题展开讨论互动的模式。频繁的国际国内学术交流和教师之间的分享、讨论、交流与互动,开阔了大家的学术视野、明确了问题意识、磨砺了研究能力。

就这样,云南大学民族学这辆车终于发动了起来。

**问**:接着"211工程"三期启动了,您在三期民族学学科建设中既是设计者和领导者,也是实施者和执行者。请问云南大学民族学在三期中为什么要确立以"西南""边疆""东南亚"三个关键词为核心的学科建设格局?这样的格局对于云南大学民族学的发展又有什么样的意义?

**答**:当时教育部对"211工程"三期学科建设项目提出了新的要求,不允许像前两期那样直接用学科名称,而要求以项目的形式申报。换句话说,就是要凝聚学科方向,提出一个有明确的研究方向和研究内容的大型课题。经过反复思考,提出的题目是"中国西南民族及其与东南亚的族群互动"。这个申报书的填写花费了我不少心力,那段时间都花在写这个东西上,记得最后的一稿是在泰国清迈大学访问时完成的,白天开会、交流、洽谈合作,晚上回到酒店就弄,写完从清迈发邮件给研究生院。教育部把所有申报书发给全国各高校的相关专家评审,结果民族学学科建设方案意外地获得了高度评价,云南大学报的学科建设方案只有民族学的方案超过了80分,大概是86分。

"211工程"三期民族学学科建设就是围绕着"中国西南民族及其

认识论、研究议题和方法创新：
论重建民族学

与东南亚的族群互动"展开的。研究区域锁定在中国西南与东南亚，而边疆是中国西南与东南亚的连接带。从物理空间上看，这是一个连续体；而从人文空间上看，这一个连续体可划分为"中国西南""边疆""东南亚"三大板块。

中国西南，是云南大学民族学、人类学的传统研究区域，无论是历史研究还是民族学研究都有很深的学术积累，面临的任务就是如何深化、如何创新。记得四川省民族研究所的李绍明先生去世前曾和我说过，推动西南研究的重点之一就是做出有深度的民族志。他的这个观点在他的文章里也论证过。我遵照李先生的教诲，把推动云南大学民族学西南研究的着力点放在提高民族志研究的水平上，强调田野调查要深入、细致、系统，增强规范性和学术性，实现从民族调查向民族学调查转变；以田野调查为基础完成的研究成果，要从调查报告向民族志转变、从"浅描"向"深描"转变，要有问题意识、理论对话意识和学术深度。在"211工程"一期和二期，民族学队伍的专业化程度不足、理论方法训练不足，无法做这样的要求。到三期的时候，经过多年的建设，民族学队伍的结构得到极大改善，接受过民族学、人类学系统训练的教师比例大幅度增加，即使原来没有接受过民族学、人类学系统训练的教师经过多年的学习和调查研究也已经掌握了民族学、人类学的理论方法。当时我坚信，云南大学的民族学团队完全具备从事规范化、专业性的民族学、人类学研究的能力和条件，只要确定了这样的目标，是能够实现的。从那时起陆续出版的《中国西南民族志丛书》及其他研究西南的论文、著作和博士生的学位论文来看，尽管存在这样那样的不足，但都在向这个方向努力，其中一些已经做得比较到位了。

"边疆"这个概念在我的头脑里萦绕了很长时间。获准教育部重点基地后，一次我到北京去教育部社科司办事，顺便把教育部授予的"云南大学西南边疆少数民族研究中心"牌子带回来。在教育部基地中，有5个民族学基地，即设在中央民族大学的中国少数民族研究中心、设在兰州大学和新疆大学的西北少数民族研究中心、设在内蒙古大学的蒙古学研究中心、设在四川大学和西藏大学的藏学研究中心和设在云南大学的西南边疆少数民族研究中心。其中，唯独云南大学的这个基地有"边疆"两个字。我凝视这两个字很久，思考其中所蕴含的学术意义是什么，回忆起我的边疆知识和体验。早在20世纪90年代初，邓小平南方谈话后，国家出台了"沿边开放"政策，我和老同学李成鼎就编写了一本《云南边境口岸指南》，了解到边境地区的一些情况。先后多次到边境地区，获得了一些感受，但却一直没有进行学术思考。教育部发布的2008年哲学社会科学重大课题攻关项目申报指南中有一个题目为"边疆民族心理、文化特征与社会稳定"，我决定牵头投这个标，召集几个人进行论证，"边疆"和"边疆民族"成为反复思考与阐释的焦点，有了一些理性思考。课题立项后，我带着课题组到边疆地区做了一些调研，派出课题组成员到边境地区做田野调查，连续召开课题组讨论会，逐渐形成关于边疆的系统化理解，认识到边疆是非常特殊的区域，具有无限广阔的研究空间。有意识地在西南边疆中心设立了"边疆与跨国民族研究室"，在民族研究院设立了"边疆学研究所"。

　　东南亚研究，是拓展出来的新领域。读过国外民族学、人类学历史的人都知道，这个学科诞生时起就以调查研究国外的民族、社会、文化为己任。民族学、人类学传到中国时，正值国家动荡、民族危亡、

认识论、研究议题和方法创新：
论重建民族学

民不聊生之时，解决本国问题成为当务之急，加之中国是一个历史悠久、地域广袤、民族众多的大国，因而早期民族学、人类学的研究要么转向"家乡人类学"做国内汉人研究，要么做少数民族研究，把少数民族当作"他者"。20世纪50年代以后，国内的政治形势不可能允许去做国外调查，民族学完全变成了少数民族研究。改革开放以后，越来越多的国人走出国门，到国外求学、经商、投资，中国生产的产品出现在世界各国的商店。中国的学术研究，特别是以国外研究为己任的民族学、人类学更应该走出去做研究，因为中国需要了解世界，学界应该向国人呈现一个真切的世界。我应邀去日本国立民族学博物馆开会，见到了一面墙，对我的刺激很大。这面墙标示出日本民族学做过研究的地方，除了中国、韩国、东南亚国家、南亚国家之外，远到南太平洋岛屿、南美、非洲等地，日本学者都做过调查。中国民族学也应该这样做。当时和北大高丙中教授有一些沟通交流，他提出了"海外民族志"概念，并组织他的博士生在许多国家做田野。这些都迫使我加快推进东南亚的研究。我就在"211工程"三期规划中写了大湄公河次区域国家调查研究的计划。但事实上，云南大学民族学缺乏做东南亚国家调查研究的人才条件和学术积累，怎么实施呢？当时我提出了两个方案：一个是做跨国民族的研究，比如，你在中国境内做傣族研究，那就到东南亚国家去研究那边的傣—泰民族；你在中国做哈尼族研究，那就去老挝、泰国做阿卡人调查；你在中国这边做景颇、傈僳族、德昂、怒族研究，就去缅甸那边调查研究克钦中的相关族群。这种模式的可行之处在于，跨国民族历史同源、文化相同或相近，研究跨国民族的老师对所研究的中国境内某一民族的历史、文化习俗甚至语言都有些基础，那么就可以开展国外相对应民族的调查研究。另一个是寻找相关国家的合作。当然，东南亚国家的国情差别很大，合作伙伴并不容易找到。比如，缅甸当时是军政府国家，军政府统治下大学根本没有自主权力，甚至无法邀请外国人，只有缅甸教育部、外交部才有权力邀请外国人。怎么办呢？我们与缅甸的华人华侨建立联系，我们支持他们来人类学博物馆办了缅甸文化展，回应了他们的愿望，这样就建立起了信任关系，我们的老师过去做调查都得到他们很多的帮助支持。在泰国，我联系了做过东南亚很多人类学调查研究的泰北清迈大学可持续发展研究中心（RCSD），主动去访问寻求合作，由于此前没有合作，他们心存疑虑，请国际项目评估师到场听我的项目计划，结果没有获得明确的回应。但我仍然不放弃，三番五次邀请中心主任差阳教授访问云南大学，他终于来了。他在美国康奈尔大学获得人类学博士学位，一直做东南亚研究，在泰国乃至国际学术界享有很高声望，人类学的敏锐性极强。他来云南大学后，我向他进一步介绍云南大学的民族学、人类学的历史，说明"211工程"三期做东南亚研究的计划，他同意帮助，但明确说因人手有限，无法完全参与我们的调查。他回泰国后很快根据我们的计划推荐出田野点，我接着就带着计划派去泰国做调查的老师去实地考察5个田野点。老师们回来后稍做准备就再度进入泰国，在清迈大学的协调和帮助下顺利进入田野点进行调查。差阳教授再次见到我时，他竖起大拇指说你真的很有活力，很有执行力。后来泰国清迈大学可持续发展研究中心还把我聘为理事。越南则是另外一种情形。一开始，我极力寻求高校及科研机构开展合作，跟河内国家大学、越南社科院、胡志明文化大学都建立了合作关系，就想借这些平台把我们的老师送出去，但最后都不是很给力，而越南北部是一个比较敏感的区域，特别是中国人在那个地方做调查比较困难。一个偶然的机会，我认识了越南老街省文化厅的厅长陈友山，他本人是苗族，热爱学术，热爱民族学和人类学，就请他来云南大学为我们的师生讲越南的民族和文化，我们交流沟通了许多事。我们的老师和学生去越南做调查时得到他很多帮助，因此也就比较顺利地推进。"211工程"三期，我们把海外民族志推进到了越、老、缅、泰四国。云南大学的东南亚民族志研究与北大高丙中教授组织的"海外民族志"具有明显的区别，在学术取向上，我们是民族学取向，关注民族、族群；高老师是人类学取向，关注的是公民社会；在国家的选择上，我们集中于大湄公河次区域国家，也就是说是一种区域研究或"面"的研究，所调查研究的国家及其民族之间在地理、社会、文化等方面存在关联性，并与云南具有直接的相关性；高老师做的是"点"的研究，范围遍及北美、南美、西欧、东欧、东南亚、南亚，但大都选择其中的一两个国家，追求的是论题的关联性。这两种类型的国外民族志研究各有优长和不足，客观上具有互补关系。应当承认，高丙中团队的专业训练、理论训练、民族志的规范性和深度、学者研究的专门化和持续性强于云南大学的团队，值得我们学习借鉴。

我认为，云南大学的民族学在这一阶段有很大的提升和许多创新，建设成效是显著的。从整体的角度看，体现在以下几个方面：一是云南及西南研究实现三个"转变"，即从民族调查向民族学调查的转变、从调查报告向民族志的转变、从社会文化的"浅描"向"深描"的转变。二是开拓出新的学术空间——东南亚民族志研究，使云南大学成为中国民族学和人类学界最早推动海外研究的机构之一，是最先推出系列化的国外民族志丛书的两个机构之一。三是凸显出"边疆"在民族学和人类学学科中的位置。吴文藻先生早在20世纪40年代初就提出了"边政学"概念,边疆史地研究的历史悠久,方国瑜先生、尤中先生等前辈都做出了卓越的研究,田汝康先生写出过《芒市边民的摆》这样的经典民族志著作,陶云逵先生和江应樑先生都在云南边境地区做过许多调查,80年代中后期以来,跨界民族或跨国民族研究也逐渐热闹起来。但全国民族学、人类学界,把"边疆"作为一个学术群体关注的焦点而集中如此之多的师生开展调查研究,迄今好像只有云南大学民族学这样做。云南大学民族学在边疆的民族学、人类学调查研究获得了以前鲜为人知的许多社会文化状况,提出了一些未能引起学界关注的论题,使"边疆"从民族学的边缘移到了中心。

更令人欣慰的是,云南大学民族学传承了吴文藻、费孝通先生倡导的学术共同体理念,形成了较强的团队意识与合作精神。我认为"魁阁"最重要的遗产就是学术共同体的理念和学术运作模式即"席米纳",之所以产生了那么多经典性的学术成果,除了个人的学术素养之外,就在于建立起共同分享调查感受、研究过程并相互激发的研究模式和学术氛围。我到民族研究院以后,有意识地宣传吴文藻、费孝通先生的学术共同体理念,提出与推进学术研究规划,组织教师参与大型科研项目的调查研究,分享田野调查的收获,围绕着特定论题开展"席米纳"式的讨论。现在,大部分教师都能够自愿地按照民族学学科建设的科研规划承担与完成任务,乐于参与大型课题,共同开展调查研究。尽管每个人都有自己的学术兴趣和关注议题,彼此之间难免会有这样那样的看法,但总体上老师们完全可以合作调查研究、共同完成研究课题。所以很多圈内的学者都说,云南大学是国内民族学、人类学界唯一能够以团队合作方式来做事的机构。

**问**:云南大学在这一阶段推进的东南亚研究,也是"海外民族志"

的具体实践，对此，学界有不同的看法。您是怎样评价的呢？

**答**：我看到过也听到过对云南大学的东南亚民族志研究的批评，一种说法说我们做的不是"海外民族志"而是"山外民族志"；另一种说法说我们做的是跨境民族研究而不是"海外民族志"。我觉得这些批评都不得要领，甚至缺乏常识，没有回应必要，所以就没有写文章辩解或反驳。平常经常听到这样的话：做的不如说的，说的不如评论的。民族学、人类学界存在着这样一种不好的风气，自己沉不下来认真做，别人做了却非常随意地妄加指责。用一句赌气的话说："别吃不着葡萄说葡萄酸！我们做的不好，你做一个好的给我看看呀？"理性地说，学术评论以深入的研究为前提，对评论对象没有必要的研究就没有资格做评判。

所谓"山外研究"说，听起来很幽默，其实缺乏基本常识。的确，云南是内陆省份，完全不临海，与越南、缅甸、老挝山水相连，没有海洋相隔，去东南亚大陆国家完全可以走陆路——"over land"，不一定非要"over sea"。如果从字面意义上理解，东南亚大陆国家对中国来说都不是"海外"。但众所周知，"海外"的所指为"境外"，或者说与"境外"是同义语，所谓"海外华人""海外华侨"的"海外"，无疑都指代境外，因此，"海外"是一个政治空间概念，而不是物理空间概念，根本无须大海相隔，也不需要大山相隔，哪怕就是连成一体的一个村落，如果国境线在村子里，国境线外的那边就是"海外"。

所谓"跨境民族"说，乍看似乎有道理，《东南亚民族志丛书》中已出版的民族志，研究的都是跨国民族，如泰国和老挝的阿卡人、泰国的拉祜、越南的苗等，称之为跨国民族研究也不错，但否认其为"海外民族志"则不能成立。从空间上看，研究者的研究场域在老挝、泰国、越南，是"海外"之地；从研究对象看，这些人群长期生活在中国之外的国家，大都获得了外籍，是"海外"之人。去国外调查研究与国内某一民族同源的群体，表达了我们东南亚民族志的问题意识，这就是讨论民族与国家之间的互动关系，比较同源民族在不同国家所形成的社会文化差异，探讨国家如何型塑民族。更大的学术追求，是突破无国家条件下民族学、人类学的研究范式，建构民族—国家背景下民族学和人类学研究的研究范式。众所周知，在人类学、民族学创立至第一次世界大战前后，欧洲民族学家、人类学家研究的对象大都属于前民族－国家状态，甚至无国家状态，因而所创立的研究范式缺乏国家的视野。之后，尽管第二次世界大战前后兴起了民族主义浪潮和民族—国家创建浪潮，民族学、人类学的研究对象先后进入民族—国家体系，无国家的、前民族—国家的民族、社会几乎已经不复存在，但"路径依赖"法则仍然影响着民族学、人类学的研究，学者们一头扎进小型社区或村落里而罔顾民族—国家的存在，这样的研究做得再精致，也无法对民族或社会文化做出可靠、有说服力的解释。我们的东南亚研究就是力图通过跨国比较去探索适应民族—国家条件下的民族学、人类学研究范式。

事实上，云南大学的东南亚民族志研究没有完全限定在跨国民族上，一批调查研究缅族等非跨国民族的民族志将陆续推出，更重要的是一批青年的东南亚国家研究人才已经成长起来，他们将是"海外民族志"研究的主力军。

**问**：以前的学科建设存在着重学术研究轻人才培养的倾向，社会对此有许多批评意见。近年来，国家对人才培养越来越重视，学科评估也把人才培养列为重要指标。云南大学能够雄踞全国前两名的位置，与学生培养质量也有密切关系。您能谈谈在民族学人才培养方面所开展的工作和取得的成效吗？

**答**：我一直认为，培养人才，是大学的基本职能，是学科建设的重要任务，是教师的核心工作。说实在话，论文多一篇少一篇、著作多一本少一本，对国家、对社会、对学术一般情况下并不会产生多大影响，但人才培养做不好，会影响一群人的一生，所以必须认真对待。

我刚到民族研究院的时候，本科已停招，只有硕士研究生和博士研究生。我在改善研究生培养质量上重点抓四个方面的事。一是课程建设。有老师向我反映，有的老教师一人上好几门研究生的课，多数青年教师根本没有课上；学生说，有的老师每次课只用10多分钟讲学术，其他时间在聊家常、讲孩子、抱怨。为了改变这一状况，我先收集了北京大学、中央民族大学、中山大学、香港中文大学及美国的人类学和民族学研究生的课程设置，然后调整研究生课程设置。我理解研究生课程与本科生课程的最大区别在于"研究"二字，只有自己有研究的教师才能把研究生的课程讲好。而民族学、人类学学科涉及领域非常广泛，举凡经济、宗教、习俗、艺术、语言、生态、医疗等都在其研究范围，没有哪一个"通才"对所有领域都有所研究。因此，对于民族学人类学研究的基本理论和方法类的全院必修课，要求按照"一课多师"模式组建教学团队，根据学科的知识、理论及方法模块选择在某一领域有所研究的教师讲授。那些专门化的课程，如旅游人类学、宗教人类学等只作为某一特定研究方向的专业必修课，其他研究方向的学生则可根据自己的兴趣和导师的意见选修。二是强化田野训练。云南大学的研究生培养经费全校统一标准，无论是否需要做实地调查都拨给同样的培养经费，因此原来的模式是院里不统一安排，由导师自主决定是否做田野，如果做就自筹经费。我认为这样不符合民族学人类学学科的人才培养规范，于是就由院里统一安排研究生的田野调查，经费由院里想办法筹措。在研究生第一年的寒假安排田野调查实训，而且要求除中国少数民族史之外的其他民族学二级学科的研究生的学位论文必须是以田野调查为基础的民族志。除了课程安排外，鼓励老师学生做田野调查，院里的课题大都吸收研究生参与调查。三是长期聘请外教授课。先后聘请了英国、美国、韩国、比利时等国家的民族学、人类学专家来校为研究生授课，保持每年至少有一名外教讲授一门课程。云南大学没有支持聘请外教讲授研究生课程的经费，外教的旅费、工资和住宿都得自己想办法，有时恰巧省里有相关项目申报就抓住机会申请，没有相关项目的时候就只有挤院里的工作经费，做起来很费劲。四是坚持质量标准，严格培养过程管理。原来研究生的开题、答辩都由导师自己组织，不时会有导师约几个关系好的老师来，把答辩弄成形式化的仪式，没有实质性的指导和批评，难以保证培养标准的一致和培养质量的稳定。我来院里后决定统一由院里安排开题和答辩，根据研究选题聘请答辩组成员，而且要求答辩委员认真把关、严格要求，不管答辩的学生是谁、是谁的学生，达不到基本标准的一概不得通过，要让学生对学术有敬畏感。在民族研究院形成了良好的学术自由讨论氛围，不会因为自己的学生受到严厉批评或者答辩没有通过而形成人际关系紧张。民族学一级学科下属的许多二级学科设在其他学院和研究院，我无法进行直接管理，只有运用民族学与社会学学位分委员会主任的权力要求分委员会的委员们认真、严肃审核学位论文的质量，达不到基本标准的一律否决。为了保证最高学位博士研究生的培养质量，民族研究院在全校最早实行学位论文预答辩制度，博士研究生的中期考核制度迄今全校只有民族学在坚持这个培养环节。严格的标准、严密的程序，保证了研究生的培养质量，有一大批学位论文获得云南省优秀硕、博士论文奖，迄今为止没有一篇博士论文抽查不合格的。

研究生培养模式创新的另外一项工程就是自2009年开始举办的"教育部民族学与人类学田野调查暑期学校"。2008年，我们向教育部研究生教育教学创新计划项目申请田野调查暑期学校，获准后于2009年暑假举办了第一届，到现在已经连续办了9年。每届确定一个主题，围绕主题进行5天的课堂培训，聘请国内外相关领域的专家授课，之后分成若干个调查组到云南农村做20天的田野调查训练。面向国内外研究生和青年教师招收学员，每期招生公费学员60人、自费学员20人左右。参加的学员，除了国内各高校和科研机构的研究生及青年教师外，还有来自美国、英国、法国、日本、比利时、缅甸、泰国、越南等国家和中国台湾地区、中国香港地区的研究生和青年教师。现在，这个暑期学校已成为研究生训练营的一个品牌，比利时鲁汶大学学生来参加云南大学暑期学校可以算6个学分。每年到三四月份，学生们就来咨询报名暑期学校了，每年报名人数基本都在四五百人。

到2009年，民族学本科专业开始恢复招生。当时教育部第二次学科评估结果出来了，云南大学民族学得到第一名，我就和分管教学的副校长说，这样的一个学科没有本科是很大的缺憾。但是，那时候我们还是研究院，按规定研究院不能招本科生。后来和人文学院商量，以人文学院的名义招生，但所有教学管理由民研院负责。虽然每年只招收20个学生，但把他们像独生子女一样培养，我本人和院里可下了大功夫。除了课程建设、师资队伍建设之外，有创新性的工作主要有三项。一是实行本科导师制。每位青年教师每年带1—2个本科生，其职责是"导学业、导生活、导思想"，鼓励吸收学生参加课题研究工作。二是加强田野训练。在课程中增加了实习实训的内容，如田野调查方法、摄像技术、影视人类学等；从一年级开始，就安排短期田野实习，到离昆明比较近的调查研究基地参访两三天；之后，由指导老师带队到农村接受一个月的田野调查实训，为了规范田野调查实训，组织编写了《田野调查指导手册》。2009年支持本科生创办了学术刊物《田野》，由学生组稿、编辑、设计，老师参与指导。这本小册子开始只是一个内部刊物，现在计划用辑刊的形式出版。三是推动课程建设，获准主持教育部"马克思理论研究和建设工程"教材项目两项，就是王文光作为第一首席专家的《中国民族史》，我作为第二首席专家的《人类学概论》，获准了一批省级和校级精品课程项目和教材编写项目。

民族学本科专业恢复时间不长，但专业建设成效比较显著。表现之一是学生的创新能力非常突出，学校每年招标"大学生创新创业计划项目"，全校文科设50项，民族学专业一届学生才有20个，大四的学生又不能申请，3个年级学生加起来总共才有60来个人，而全校的一至三年级的文科学生至少有6000人，但通常的结果是，每年民族学专业的学生能够获准立项八九项，以百分之一的学生人数获得了五分之一的项目。2014年民族学本科专业获准为云南省教育创新人才培养基地，这是全省文科第一个基地。我们的民族学人类学课程群教学团队获得了云南省优秀教学团队称号，2016年获得云南省级教学成果一等奖。

云南大学民族学的人才培养获得了学界的高度认可。无论是我们的本科生推免研究生、报考硕士研究生，还是我们的硕士生报考博士研究生，北京大学、中央民族大学、中山大学等名校都非常欢迎。

除了专业课建设，我们还做了一些公共课或通识课的建设。从社会职责的角度说，作为从事民族学教学与研究的教师，我们有责任有义务让更多的青年大学生认识中国作为一个多民族国家的国情，养成尊重文化多样性的素质，培育维护民族团结的意识，掌握进行跨文化交往的技能。从民族学学者的角度说，我们有责任有义务让非民族学、人类学专业的学生了解民族学、人类学，扩大民族学、人类学的影响力。我们先建设了《中国少数民族文化》这门课，被列为云南省精品课程，后来被评为全国优质素质课，两年前做成了"中西部大学课程联盟"的慕课上线，面向全国各高校大学选修。之后又开了一门视频公开课《中国少数民族生态智慧》，主要是讲授原来做过的生态文化方面的知识，被评为省里的优质视频公开课，后来又是全国的优质视频公开课，最后再把它做成了慕课。《中国少数民族文化》这门课的构架有点新意。原来谈少数民族文化，大都是按照门类分的，比如说生产生计文化、生活文化、建筑文化、艺术文化等，分门别类，而我们这门课的结构是按价值类型来讲的，包括生态价值、经济价值、人文价值、审美价值等。作为公共课，课时有限，就采用了这样的分类结构，以避免以前那种分门罗列容易挂一漏万的缺陷。《中国少数民族文化》和《中国少数民族生态智慧》两门课程进入了智慧树在线教育平台，由中西部高校联盟运行，已经两年了。现在正在洽谈进入更大的一个平台——清华在线学堂MOOC，这是全球的一个公共课平台，中国区由清华在线学堂来做。这应该是云南大学唯一入选这个平台的课程。这两门课程都是作为公共课来建设的，两门慕课的选课人数每一轮都有五六千人。

**问**：2015年底您卸任院长，但是作为民族学学科带头人，您还是一直主持、引领云南大学民族学的发展。不久前公布的教育部"双一流"建设高校名录，云南大学榜上有名，民族学被列为"一流学科"建设目录。请谈谈您对云南大学民族学未来发展的构想。

**答**："双一流"建设启动后，学校领导通知我牵头编写民族学一流学科建设方案。多年陷于行政事务和学科建设之中，用戏谑的话说"种了公家的地，荒了自己的田"，我终于把院长"帽子"卸掉，刚刚"脱离苦海"，正在怡然自得地做田野调查、轻松自在地读书写东西，不亦乐乎着，怎么能又"下油锅"？开始我是坚辞不就，民族学与社会学院书记赵春盛教授不得不承担起牵头做建设方案的任务，提交了初稿。这时，学校领导找我谈话，说："大家都知道你对云南大学、对民族学感情很深，'双一流'对于云南大学、对于民族学都是难得的机遇，你在民族学学科建设上付出了这么多，不就是希望能够成为一流学科吗？不能错失机遇呀！"领导的话很诚恳，并且切中了我的心结，不得不应承了下来，花了差不多两个多月的时间夜以继日地梳理、思考、编写、修改，完成了建设方案的编写。现在云南大学进入了"双一流"名单，民族学成为云南大学两个进入一流学科建设的方向之一，证明了高发元书记倡导的云南大学及其学科的建设思路是正确的，也证明了我所主持的民族学学科建设的方向和成效获得专家们的肯定，我感到非常欣慰。

教育部对"双一流"建设的期望很高，给"一流学科"建设确定了相当高的目标，不仅要求国内领先，还要求进入世界一流学科的行列。按照教育部"一流学科"建设要求，民族学建设重点在取得标志性的科研成果、创新人才培养模式、强化社会服务能力、提高师资队伍水平、扩大国际影响力等方面。如果建设目标和建设任务能够实现，云南大学民族学的学科肯定会实现跨越式发展，能力和水平会跃上新台阶。

当然，民族学一流学科建设的任务相当繁重而且具有极大的挑战性，按照常规模式推进，肯定无法完成，需要学校下决心进行大力度的改革，突破现有管理体制和机制的束缚，为一流学科建设提供有力的制度支撑，否则建设方案就是一纸空文。

**问**：您在云南大学民族学学科建设、团队建设、人才培养和行政事务管理方面投入了大量的精力，但仍然在您自己的学术研究上取得了令人瞩目的成绩，您能谈谈您自己的学术研究吗？

**答**：其实，我自己的学术研究做得比较乱，不过我在开始做研究的时候就有这么一个理念：只有把所研究的问题放在它的社会文化系统里面来看，似乎才能看得明白一点。这是一种比较无意识的认识。那时候也没有接受什么文化整体观、社会体系之类的理念，只是总体感觉到各种不同文化的思维方式差别很大，认为与其社会、文化、历史肯定有关系的。所以，就按照这么一个思路去做学术。大致上说，我的学术研究有这么几个方面：

一是文化研究。我从20世纪80年代到90年代中期前后做的研究大致上可以归为文化研究。其中，最早研究的是中国古代审美文化，体现在我的《诗性逻辑与诗化美学》一书及系列论文中；之后，超出审美的范围，开始做中国文化和少数民族文化研究，与廖国强合著的《中国竹文化研究》《竹与云南民族文化》，与吴明泽合著的《中国少数民族酒文化》，与廖国强、袁国友合著的《中国少数民族生态文化》

等几本书,可以归入这一类。其间,做过文化与思维的理论研究,有与赵仲牧老师合作的发表在《哲学研究》的《论思维的类型》和我自己撰写的《汉语与中国人的思维方式》等论文。

二是昆明城市研究。在 90 年代中后期做了一些城市社会学的研究,比如参与了谢本书教授主持的中华基金项目《近代昆明城市史》,并完成了两章的撰写,我与卿前峰合著的《昆明城市研究》,我的博士论文《滇池流域的经济开发与生态环境变迁》,滇中城市群和小城镇建设等成果也可属于这一类。

三是艺术人类学研究。这个领域从 2001 年就开始关注,但直到 2005 年以后才开始发表论文,对艺术人类学的理念、构架、方法等做了探讨,发表了一系列论文,指导一批博士生做研究,我和我的学生在 2005 年至 2007 年集中发表了一批论文,当时在国内艺术人类学界产生了不小的影响,复旦大学的郑元者教授曾说"何明团队势头逼人"。遗憾的是未能持续做下去,未能把专著写出来,基本思路和主要思想体现在我和我的学生合作编著出版的《艺术人类学研究丛书》之中。

四是民族社会文化变迁研究。2000 年以后时常会到少数民族农村做一点调查,感受最深的就是变化太快,于是以"当代少数民族农村社会文化变迁研究"为题申报了国家社科基金项目,开始了这个领域的研究。少数民族社会文化变迁的动力来自何处?当然是国家的改革开放政策,而从学理上表述,"全球化"可能是最具有概括性、最简洁的概念,为此,撰写了一批论文,主编了几本书。这个领域包罗万象,一定程度上看,无论是我独立撰写的还是与学生合著的研究少数民族的论文大都可以归入这个领域。

五是边疆与民族问题研究。2008年以后开始关注边疆问题研究，恰巧申报教育部哲学社会科学重大课题攻关项目"边疆民族心理、文化特征与社会稳定"获得批准，开始做边疆问题的思考与调查，发表了一批论文，与课题组成员一起完成了课题书稿。同时，开始关注中国的民族政策和民族关系，写了几篇文章，2017年获准主持国家社科基金重大项目"我国的民族团结和民族关系的理论和实践研究"，带领课题组赴新疆做了一些调查，最近会抽出一些时间做这方面的调查研究。

六是民族学和人类学学科建设和理论方法反思的研究。2006年以后，断断续续地写了一些关于民族学的学科定位、反思民族志等方面的文章。

总之，我对我自己的学术研究非常不满意。将近20年的时间把主要精力都用在了行政事务和学科建设上，许多思考和研究计划总是无法集中时间和精力完成。2015年底卸掉了行政职务，原本可以集中精力完成自己的学术研究计划，不料想才找回研究状态又被学校拉去做一流学科建设。未来我自己能做出什么样的成果，只有走着看了。

**采访人**：您说您是学术流浪汉，其实梳理下来，我们看到您的每一次研究转向、领域拓展，都是有关联的。通过您对自身学术历程的回顾和对云南大学民族学20年来发展情况的介绍，我们为这个学科发展的艰辛而动容，向为此付出心血的前辈致敬，更折服于您为师治学的真诚和严谨、引领学科的睿智和担当！云南大学民族学发展史上，有您浓墨重彩的一笔，幸哉！壮哉！